语言测试与评估
专题研究丛书

U0615369

本科阶段基于量表的口译评估研究

苏 伟 著

外语教学与研究出版社
FOREIGN LANGUAGE TEACHING AND RESEARCH PRESS
北京 BEIJING

图书在版编目（CIP）数据

本科阶段基于量表的口译评估研究／苏伟著． —— 北京：外语教学与研究出版社，2021.7（2022.11 重印）
（语言测试与评估专题研究丛书）
ISBN 978-7-5213-2763-2

Ⅰ. ①本… Ⅱ. ①苏… Ⅲ. ①英语－口译－教学研究－高等学校 Ⅳ. ①H315.9

中国版本图书馆 CIP 数据核字 (2021) 第 130048 号

出 版 人　王　芳
选题策划　解碧琰
项目负责　周　娜
责任编辑　解碧琰
责任校对　陈　阳
装帧设计　袁　凌
出版发行　外语教学与研究出版社
社　　址　北京市西三环北路 19 号（100089）
网　　址　http://www.fltrp.com
印　　刷　北京盛通印刷股份有限公司
开　　本　650×980　1/16
印　　张　7.5
版　　次　2021 年 7 月第 1 版 2022 年 11 月第 2 次印刷
书　　号　ISBN 978-7-5213-2763-2
定　　价　33.90 元

购书咨询：（010）88819926　电子邮箱：club@fltrp.com
外研书店：https://waiyants.tmall.com
凡印刷、装订质量问题，请联系我社印制部
联系电话：（010）61207896　电子邮箱：zhijian@fltrp.com
凡侵权、盗版书籍线索，请联系我社法律事务部
举报电话：（010）88817519　电子邮箱：banquan@fltrp.com
物料号：327630001

致　谢

　　本成果受教育部人文社会科学研究青年基金项目资助，项目名称为"口译量表与评分员交互研究——基于英语能力统一量表的研究"，项目编号为17YJC740074。

前　言

　　口译评估是口译测试和教学领域的核心话题。传统的口译评估研究以教师或职业译员为评估主体，以口译学习者为评估对象，以职业口译能力为学习和评估的最终目标，评估口译学习者是否掌握了口译专业技能（expertise）。不过，新时代口译教育背景下，职业口译能力不再是口译教学的唯一指向，口译课程作为本科通识教育中的一门核心课程，服务于语言课程培养人文素养和跨文化意识的总体目标（教育部高等学校外国语言文学类专业教学指导委员会，2020）。在此背景下，教育部和国家语言文字工作委员会于 2018 年推出了《中国英语能力等级量表》（*China's Standards of English Language Ability*），其中的口译子量表第五和第六级大致对应了本科阶段的口译能力培养目标，这给本科阶段的口译评估研究提供了新的参考。

　　作为一种复合型的认知综合能力，口译能力本身具有结构性、进阶性的特征（苏伟，2011）。在我国，本科阶段的口译能力发展面临如下困难：

　　1）由于口译能力的发展受外语能力制约，口译学习者需要同时达到口译学习和语言学习的双重目标。我国的口译学习者主要是在汉语母语环境下以英语为外语的语言学习者，往往缺少欧洲国家语言学习者所拥有的天然的多语言环境。鲍川运（2008）认为，我国本科阶段的翻译教学为我们提供了一个非常值得研究的课题。作为翻译专业的课程，本科阶段应该进行的是翻译教学，目的是培养真正意义上的翻译人才，但是这一阶段的课程又是在一个不完全的条件下进行的，即学生在语言习得尚未完成的情况下就开始学习翻译，这便产生了一系列值得研究的课题，例如，与普通外语教学相比，翻译教学对语言习得能否产生更大、更积极的影响。

2）口译能力的评估主体以教师为主，学生缺少评估资源和评估经验。一方面，由于语言基础薄弱，缺少口译经验，本科阶段的学生普遍无法独立开展自评互评活动（Su，2020b，2021a）。另一方面，中国的口译学习者群体庞大，教师严重短缺，因此课堂评估只能采取集中性、终结性的评估方式，较少采用关照个体特性、关注发展过程的形成性评估。

根据上述我国的政策需求，以及本科阶段的口译能力发展面临的教学挑战，本书以本科阶段口译学习者的口译能力为研究起点，以《中国英语能力等级量表》口译子量表为研究对象，在理论建构、评估设计上作出了如下探索，尝试构建以本科阶段口译学习者为评估主体的量表评估体系。

首先，在理论构建方面，本书提出，本科阶段的口译能力是学生口译能力进阶的起点，是语言能力和口译能力共同发展的基础。以英汉口译为例，根据《高校英语专业八级口试大纲》，本科阶段口译能力的优秀级别为"能将讲话的绝大部分内容准确翻译出来，表达流畅"（高校英语专业八级口试大纲编写小组，2008：4）。可以看出，根据大纲的要求，本科阶段口译能力注重的仍然是语言的运用与转换，聚焦的维度主要是选词、谋篇、流畅这三个层面，关注学生的双语能力和基本的语言转换策略。同样，我国《普通高等学校本科外国语言文学类专业教学指南》（2020）也提出，英语类专业的口译课程目标是主要培养英语语言能力，要求学生具备初步的口译素养并掌握口译的基本策略，因此语言和内容基本准确、表达比较流畅应是本科阶段口译能力的培养目标，该目标兼顾语言内（从词句的微观层至语篇的宏观层）和语言外（表达流畅）两个维度，注重双语交际中的语言应用能力。

对应上述本科阶段口译能力的特征，《中国英语能力等级量表》口译子量表的五级和六级满足了在任务特点上侧重较短语篇和非专业话题，在口译质量上侧重通俗流畅，意义基本准确等基本要求。本书进一步提出，本科阶段对口译能力进行评估的三个重要维度包括通俗策略、逻辑策略和流畅策略，即遣词造句通俗达意、语篇逻辑基本清晰、语言表达基本流畅，这三个评估维度与本科阶段口译学习者的口译能力特征一一对应，是本科阶段切实可行、有普遍适用范围的口译教学目标。

其次，在评估设计方面，本书提出，教师应该在本科阶段逐步让渡评估资源，以量表培训为起点，设计出"讲授型＋实操型"的量表组织方式，其中讲授型是学习者初次接触量表的必要途径，是掌握量表文本内涵、内化口译能力的首要阶段。实操型能够让学习者在自评时进行更深程度的反思，在进行同伴互评讨论时话语类型更丰富，话轮更持久。实操型涉及的指标和主题更多元，从而能够初步培养评估者的量表应用能力和整体思维。此外，本书首次提出中外教师合作的双教师授课教学模式，以辅助学习者量表应用的评估模式。中方教师的优势在于能够阐释理论且具备丰富的术语知识，帮助学生把握量表重点，梳理评估步骤，明确评估目标；外方教师的优势在于能够发挥英语母语的优势，不仅可以为学生提供丰富的样句案例，拓展学生的量表演绎能力，还可以为学生提供英语听众视角，培养学生的听众意识。中外教师的这种互补协作，可以有效地提升学生的量表能力，使学生从"学生试评—教师辅导"这种"生评师辅"的量表培训模式中获得较好的效果。

最后，本书根据上述理论构建和评估设计，构建了面向中国口译学习者的量表评估体系，该体系包括量表组织和量表内容两大模块。其中，量表组织是辅助学习者消化和掌握量表内容的组织形式，通过讲授型和实操型这两种量表培训方式综合提高学生的口译能力。按照认知难度顺序依次进阶，量表内容包括量表判断（单项／单级描述语是否符合）、量表整合（多项／多级描述语的取舍和组织）、量表拓展（量表语言的个性化阐释与量表社交功能的拓展）。如此一来，处于较低水平的学习者（如本科二年级修读口译入门课程的学生）可以从描述语的判断入手，逐步增加描述语项目数和描述语长度，从而提升判断过程的熟练度和效率。随着学习者水平的提高，量表认知活动开始进阶为程度更高、范围更广的整合和拓展活动，尤其是最后一个层级的量表拓展，这一层级注重的是学习者对描述语的创造性使用和个性化阐释，学习者需要依据个人需求，寻找同伴结成学习共同体，通过集体讨论和相互支持，在认知、情感、社交等各个维度提升自我，成长为全面、创造、思辨的独立学习者（孙有中，2015）。

全书除前言和结语共包括五章，其中第一章为口译能力与量表评估的基本概况和研究综述，第二、三、四章分别讨论了口译自我评估、口译同伴评估和中外教师评估，第五章提出面向中国口译学习者的量表评估体系。

本书为教育部人文社会科学研究青年基金项目"口译量表与评分员交互研究——基于英语能力统一量表的研究"（项目编号 17YJC740074）的结项成果。

本书得以成功出版，感谢外研社编辑解碧琰和蔡天航的辛勤工作。

苏伟

厦门大学

2021 年 1 月

目　录

表目 ………………………………………………………… XIII

图目 ………………………………………………………… XV

第一章　口译能力与量表评估 ……………………………… 1

1.1 口译能力 ……………………………………………… 2

　1.1.1 口译能力的定义 ………………………………… 2

　1.1.2 本科阶段的口译能力 …………………………… 4

　1.1.3 口译能力评估 …………………………………… 8

1.2 量表的起源和发展 …………………………………… 9

1.3 量表构件 ……………………………………………… 12

　1.3.1 描述语 …………………………………………… 13

　1.3.2 等级 ……………………………………………… 15

　1.3.3 典型活动 ………………………………………… 15

　1.3.4 小结 ……………………………………………… 16

1.4 量表的理论基础 ……………………………………… 17

　1.4.1 自主学习理论 …………………………………… 17

　1.4.2 社会文化理论 …………………………………… 20

1.5 小结 …………………………………………………… 21

第二章　基于量表的口译自我评估 ………………………… 22

2.1 口译自我评估 ·· 22

2.2 研究介绍 ·· 24

   2.2.1 案例背景 ·· 24

   2.2.2 量表 ·· 25

   2.2.3 自我评估过程 ·· 26

   2.2.4 数据收集和整理 ·· 26

2.3 结果与讨论 ·· 27

   2.3.1 分指标对比 ·· 27

   2.3.2 分组对比 ·· 29

2.4 结论和教学建议 ·· 38

第三章 基于量表的口译同伴评估与反馈 ···························· 40

2.1 文献回顾 ·· 40

   3.1.1 同伴评估 ·· 40

   3.1.2 量表与量表培训 ·· 43

3.2 口译量表培训—个案研究 ·· 45

   3.2.1 案例背景 ·· 45

   3.2.2 量表 ·· 45

   3.2.3 量表培训 ·· 46

   3.2.4 数据收集和整理 ·· 48

   3.2.5 评估活动分析框架：会话分析 ································ 49

3.3 结果与讨论 ·· 50

   3.3.1 结构与功能 ·· 50

   3.3.2 功能与内容 ·· 51

   3.3.3 课堂话语与课后访谈 ·· 53

3.4 结论和教学建议 ·· 57

第四章 基于量表的口译课堂双教师合作评估 ···················· 58

4.1 文献回顾 ·· 58

4.1.1 双教师合作历史 ……………………………………… 58

4.1.2 双教师合作研究 ……………………………………… 60

4.2 研究一 …………………………………………………… 61

4.2.1 研究背景 ……………………………………………… 61

4.2.2 量表 …………………………………………………… 62

4.2.3 评估过程 ……………………………………………… 63

4.2.4 数据收集和整理 ……………………………………… 65

4.2.5 结果与讨论 …………………………………………… 65

4.2.6 结论和教学建议 ……………………………………… 69

4.3 研究二 …………………………………………………… 70

4.3.1 研究背景 ……………………………………………… 70

4.3.2 量表 …………………………………………………… 71

4.3.3 研究过程 ……………………………………………… 71

4.3.4 量表归纳能力和演绎能力 …………………………… 72

4.3.5 研究结果 ……………………………………………… 73

4.3.6 小结 …………………………………………………… 76

第五章　中国口译学习者课堂环境下的量表评估体系………… 77

5.1 核心构念 ………………………………………………… 77

5.2 任务环境 ………………………………………………… 78

5.3 量表内容 ………………………………………………… 80

5.3.1 判断 …………………………………………………… 81

5.3.2 整合 …………………………………………………… 87

5.3.3 拓展 …………………………………………………… 90

5.3.4 小结 …………………………………………………… 92

5.4 量表实施 ………………………………………………… 93

5.4.1 评估主体 ……………………………………………… 93

5.4.2 组织方式 ……………………………………………… 94

5.4.3 模态选择 ……………………………………………… 96

5.5 量表评估体系构建 ………………………………………… 96

结语 …………………………………………………………… 98

参考文献 …………………………………………………… 100

附录 1 自我评估口译材料 ………………………………… 111

附录 2 同伴评估口译材料 ………………………………… 113

附录 3 中外教师评估口译材料 …………………………… 115

表　目

表 2.1　学生样本 ………………………………………………… 24

表 2.2　口译策略量表 …………………………………………… 25

表 2.3　不同水平组评估指标的描述性统计 …………………… 27

表 2.4　量表文本整体特征分组比较 …………………………… 30

表 2.5　量表文本例句对比 ……………………………………… 30

表 2.6　量表文本分级对比 ……………………………………… 31

表 2.7　学生 S1 自评过程 ……………………………………… 35

表 2.8　学生 S3 自评过程 ……………………………………… 36

表 3.1　口译策略量表 …………………………………………… 46

表 3.2　量表培训两种活动对比 ………………………………… 48

表 3.3　话题单元下各话轮结构功能举例 ……………………… 49

表 3.4　学生 E/F 评估与反馈片段 …………………………… 53

表 4.1　合作授课中外教师背景介绍 …………………………… 62

表 4.2　口译策略量表 …………………………………………… 63

表 4.3　中外教师评估意见录音转写示例 ……………………… 64

表 4.4　中外教师评估录音对比 ………………………………… 67

表 4.5　授课教师和学生情况（均使用化名）………………… 70

表 4.6　口译策略量表 …………………………………………… 71

表 4.7　量表归纳和演绎能力示例 ……………………………… 72

表 4.8　量表归纳能力双教师点评示例（逻辑策略）………… 73

表 4.9　量表归纳能力双教师点评示例（流畅策略）………… 74

表 4.10　量表演绎能力双教师点评示例（流畅策略）············· 75

表 5.1　口译能力总表（五级和六级）····················· 79

表 5.2　口译能力自评表（五级和六级）··················· 79

表 5.3　口译执行策略量表（节选）······················· 83

表 5.4　口译理解和辨识策略（五级和六级）··············· 88

图　目

图 1.1　口译能力阶段性图解 ……………………………………… 5

图 2.1　量表使用的时间特征分组比较 …………………………… 34

图 3.1　量表讨论分组展示 ………………………………………… 48

图 3.2　第五周 1 班讨论话语的功能与讨论内容 ……………… 51

图 3.3　第五周 2 班讨论话语的功能与讨论内容 ……………… 52

图 4.1　教师评估标识示例 ………………………………………… 64

图 4.2　评估标识中外教师对比 …………………………………… 65

图 5.1　量表评估体系 ……………………………………………… 97

第一章
口译能力与量表评估

本章要点：

- 描述和界定口译能力，根据本科阶段口译学习者的群体特征，提出"语言和内容基本准确、表达比较流畅"为该阶段口译能力的培养目标，确定《中国英语能力等级量表》口译子量表（五级和六级）为该阶段口译学习者量表评估的重点。
- 梳理量表的起源和发展，归纳中国量表与西方量表之间存在的社会现实差异：中国量表用于科举制度以求集权与公平，西方量表用于弱势群体以求保护个体。
- 分析量表构件，包括描述语、等级和典型活动。
- 述评量表助学的理论来源，包括自主学习视角下量表对学习者的情感调节和认知调节，社会文化视角下量表对学习者社交活动的指导等。
- 提出进一步拓展量表的应用场景，完善《中国英语能力等级量表》评估体系。

20世纪上半叶，口译作为一门职业正式登上国际舞台，口译教学和口译研究得到了迅速发展。口译能力成为了教师、学者和译员共同关心的目标：对于口译教学而言，口译能力的研究直接影响着教学内容的组织和教学目标的制定，口译能力的培养也是开展口译教学的基础。对于口译研究而言，口译能力研究不仅拓展了口译过程、口译产品等应用层面的研究，也深化了口译语言转换和认知思维等理论层面的研究，Schaffner & Adab（2000：xiv）就认为，翻译理论的学者可以从翻译能力的角度加深对翻译程序的认识。此外，对于口译职业而言，口译能力的研究也有利于口译职业地位的确立，如 Pöchhacker（2004：166）所言，一门职业要想获得独立，就需要证明其具备一套复杂的职业知识和技能，且这些知识和技能只能通过专业的培训才能获得。因此，口译能力的研究是将口译理论、口译教学、口译职业三方面联系起来的重要纽带。

在我国，根据《普通高等学校本科外国语言文学类专业教学指南》（2020），口译能力的培养和评估应该是英语专业必修的口译课程的中心环节。口译能力是一个连续体，具有等级进阶、成分丰富、视角多元的特点（苏伟，2011），由于口译能力无法直接观察和测量，只能通过外在表征和内在机制推理而得，所以开发出一个适合学习者特点的口译能力评测工具尤为重要。

针对中国英语学习者的特点，教育部和国家语言文字工作委员会于 2018 年研制开发了《中国英语能力等级量表》，其中专门针对口译能力开发了口译量表。量表是一种辅助评估的工具，通过描述任务的不同指标及不同水平上的详细表征，帮助评估者形成完整的评估意见（Stevens & Levi，2013；刘建达、韩宝成，2018）。量表形态多样、功能多元，在各个学习场景发挥的作用不尽相同，学界对量表的功能也一直存在不同的见解。因此，在梳理量表的具体功能之前，有必要厘清几个基本概念，即量表是什么？包括哪些主要构件？本章将以口译初学者为研究对象，以本科阶段口译能力为起点，首先论述口译能力的构成、量表在口译能力评估中的作用，然后追溯量表的起源，分析量表的主要构件，聚焦量表的主要理论观点、量表助学的理论框架和基础，最后提出量表理论亟需回答的若干问题。

1.1 口译能力

1.1.1 口译能力的定义

口译能力的定义主要从性质、条件、结构三个视角出发，每个视角下的研究对口译能力的定义各不相同：

第一个视角为性质视角，即从心理学的角度入手，运用心理学中的能力原理推断口译能力的内在机制。20 世纪 90 年代开始，口译学者（如 Hoffman，1997；Kalina，2000）依托认知心理学中的专业技能这一构念，提出口译能力和其他领域的专业技能一样，都包括如下特征：1）专业技能的发展经历了从对问题表面直观的理解到清晰的、概念上的、组织过的理解。2）在专业技能的发展过程中，学习者很少能够直接跳过某一发展阶段。3）随着练习的增加，该技能不再是学习者在有意的、不再费力的情况下获得的能力，这一技能不再是线性的，而是自动的模式识别能力。4）在教学过程中，熟练的从业者可以基于学生的技能水平预测其错误。由于性质视角下的口译能力定义依赖经验和直觉，评估权掌握在专家或熟练从业者手中，因此较少应用于学生自学和同伴评估。

第二个视角为条件视角，即从口译需要完成的任务或需要胜任的工作入手，将口译能力等同于胜任某一工作的条件的集合。这一定义的理论来源是职业教育中的能力本位教育理念（Competence-based Education），该理念认为能力的确定首先基于对目标市场的调查和分析，分析职业岗位所需能力的组成、学习和运用，并将职业岗位所需的技能和能力作为一切教育活动和职业资格评定的出发点和核心。

与性质视角下的口译能力相比，条件视角下的口译能力内容更加具体，层次更加丰富，评定指标也更加明确。要判断对方是否具备了某个级别的口译能力，只需让他在某一特定的职业条件下执行特定的口译任务，如能圆满完成，则可以评定他具备了该级别的口译能力。条件视角也决定了口译能力的评估方法，即组织真实的口译场景和任务，并让考生完成指定任务，由有经验的考官直接判断他们是否具备了胜任该岗位的条件。不过，条件视角与性质视角的评估一样，评估权集中在专家手中，学生由于缺少评估资源和评估经验，不能对自己或同伴的口译能力作出全面细致的判断（苏伟，2011）。

第三个视角为结构视角，即从口译能力的组成入手，强调能力构成要素的综合性。该视角认为口译能力是由多种元素复合而成的，因而也将口译能力称为综合口译能力。口译能力的结构视角沿袭自翻译能力的结构观，学者通过建构多种翻译能力的结构模型为译员培训提供了理论基础。如 Bell（1991）将翻译能力描述为包含多个要素的巨大综合体，包括目的语知识、文本类型知识、源语知识、主题知识、语言对比知识、交际能力。PACTE（2011）认为翻译能力由双语能力、语言外能力、翻译知识、工具能力、策略能力五大子能力，以及心理生理要素构成，其中，心理生理要素还包括认知、态度、创造力、逻辑推理力、分析能力和综合能力等。

综合而言，目前，以结构视角为依据的学者对口译能力的综合性认识较为统一，但对其中的构成要素却存在着较大的分歧。在翻译研究领域，有学者指出，翻译能力的构件永远没有完整固定的答案（胡珍铭、王湘玲，2018）。译者需要根据时代的发展不断地扩展自己的翻译能力。在这个过程中，有些能力的重要性愈加凸显，而有些能力则随着科技的发展重要性逐渐降低。

口译能力的最新研究开始注重其阶段性特征，这是因为在口译学习的不同阶段，口译能力的培养目标和培养重点各有不同，尤其是对口译初学者而言，需要优先掌握口译能力的哪些要件在学界尚有争议，如鲍川运所言（2008：7），本科口译课程的教学是在一个不完全的条件下进行的，即学生是在语言习得尚未完成的情况下就开始学习翻译，学生的口译能力最高能达到什么程度，能胜任何种类型的口译，这是一系列很值得研究的课题。

1.1.2 本科阶段的口译能力

口译能力的发展路径有其阶段性特点，阶段性是指学习者口译能力的习得需要经历从新手级别到专家级别等不同阶段。口译能力的习得过程可以分为若干个阶段，每个阶段口译能力的特点各有不同，因此对应不同的培养目标和培养方式。Hoffman（1997：199）基于认知心理学的理论将口译能力的习得过程分为以下几个阶段：新手级（novice）、入门级（apprentice）、熟练级（competent）、专家级（expert）和大师级（master）。根据 Sawyer（2004：72）的观点，口译能力和口译课程的阶段性可以通过以下示意图表示：

新手级（口译课程前）

特点：几乎没有口译经验；对口译目标和特点有大致了解；能完成一些脱离语
　　　境的口译练习，口译缺乏灵活性

课程目标：熟悉口译领域

（高级）入门级（口译课程中期）

特点：懂得观察反复出现的有意义的情境，理解整体特点，能依照一般性规则
　　　行事；能分辨反复出现的规律性特征

课程目标：胜任基本的交传和同传任务

熟练级（口译课程结束时）

特点：懂得以长远的眼光看待各种口译行为，能有意识地制定、评估和调整目
　　　标；根据短期和长期要求制定计划；懂得应对各种情况

图 1.1　口译能力阶段性图解

　　Hoffman（1997：199）进一步解释说，熟练级仅是学生在完整修完口译课程并顺利通过结业考核后所达到的能力级别，只有再经过十年甚至更久的时间，他们的口译能力才能达到专家级乃至大师级。需要说明的是，上述口译课程主要是指西方国家口译项目研究生阶段的课程。

　　与西方国家相比，中国的口译课程在发展历史、学习群体等方面有其独特性：

　　第一，口译课程历史较短。在欧洲，瑞士日内瓦 1941 年就成立了第一所高级翻译学院，1965 年 12 月，法国巴黎召开了首届会议口译教学会议，探讨了口译培训的目的、方式、选拔测试、潜能测试、语言组合和语言水平等话题（Mackintosh，1999）。与之相比，我国迟

至 1979 年才与联合国合作，在北京外国语大学设立了译员培训班，开设专门的口译课程，1996 年才由厦门大学发起和主办了首届全国口译教学研讨会。因此，我国在口译课程建设、口译能力培养等方面的理论和实践经验不够丰富。

第二，在学习群体方面，我国的口译学习者主要是汉语母语环境下以英语为外语的语言学习者，缺少欧洲国家口译学习者所拥有的天然的多语言环境和基础。鲍川运（2008）认为，我国本科阶段的翻译教学为我们提供了一个非常值得研究的课题。本科阶段翻译专业的课程应当进行的是翻译教学，目的是培养真正意义上的翻译人才，但是它又是在一个不完全的条件下进行教学，即学生在语言习得尚未完成的情况下就开始学习翻译，因此这给我们提出了一系列值得研究的课题，如翻译教学与普通外语教学相比，对语言习得能否产生更大、更积极的影响（鲍川运，2008：6-7）。

针对本科阶段口译能力的特征，《高校英语专业八级口试大纲》曾作出初步判断：本科阶段的口译能力包括中译英能力和英译中能力，其中中译英使用的语音材料是一篇中文演讲稿，语速约为 160-200 字/分钟，分段播放，翻译的原文字数约 200 字，可以做笔记。英译中的材料语速约为 100-150 词/分钟，分段播放，原文总字数约 150 词左右，可以做笔记。其中，口译能力的优秀级别界定为"能将讲话的绝大部分内容准确翻译出来，表达流畅"（高校英语专业八级口试大纲编写小组，2008：4）。可以看出，根据《高校英语专业八级口试大纲》（2008）的要求，此阶段的口译能力注重的仍然是语言的运用与转换，主要关注选词、谋篇、流畅三个层面，聚焦的是学生的双语能力和基本的语言转换策略。类似的，2020 年最新发布的《普通高等学校本科外国语言文学类专业教学指南》也提出英语类专业的口译课程目标是以英语语言能力为主，要求学生具备初步的口译素养并掌握口译的基本策略，因此"语言和内容基本准确、表达比较流畅"是大纲视角下本科阶段口译能力的培养目标（教育部高等学校外国语言文学类专业教学指导委员会，2020）。

　　本科阶段（也称基础阶段或初级阶段）口译能力的构成也得到了国内外学者的关注和重视：Schaffner（2000：154）较早论证了本科生的翻译能力，并将其定义为初级翻译能力（initial translation competence）。Schaffner 介绍说，以本科课程"翻译基本概念和方法"为例，该课程可以使学生了解翻译过程中进行系统分析和决策制定的理论基础，培养学生基本的翻译能力。因此，英国阿斯顿大学（Aston University）在本科一年级就给学生讲解翻译的语言学派、语篇翻译学和功能翻译学等基本概念，并在期末考试时专门设置面试环节，要求学生运用所学翻译理论简单地解释他们使用的翻译策略，这种课程设置取得的效果也非常明显。这一阶段的翻译能力表现为：在翻译时（主要是笔译）学生能主动考察语篇和上下文，思考选词造句的潜在目的、语篇的对象和体裁规定等方面（Schaffner，2000：149-154）。由此可见，经过培训后，学生能逐步从语言的微观层面（如选词）过渡到宏观层面（如语篇和体裁），培养初级翻译素养，本科阶段的翻译能力仍然以语言层面为主。

　　针对本科阶段如何达到语言和内部基本准确、表达比较流畅的口译能力目标，厦门大学口译团队于 2008 年提出了拓展版厦大口译训练模式，突出了两大模块，分别是口译准备（Foundation Building，简称 FB）和质量监控（Quality Control，简称 QC）。前者包括语言、知识和心理准备，后者包括测试和质量评估（陈菁、肖晓燕，2014）。口译准备包含两层含义：一是指长期的训前准备，即学员接受口译训练前需要奠定的语言、知识和技能等各方面的基础；二是指短期的以任务为中心的准备，即译员在接受口译训练后围绕任务进行的各项准备。关于语言准备，本科阶段学生译员的两个语言编码系统的转换要趋于自动化，能准确地理解原语并流畅地用译语表达。类似的，Wu & Liao（2018）提出的一次说一句（one chunk at a time）、Li（2013）总结的拖延（stalling）等策略也能帮助本科生尽快产出译语，实现表达流畅的目标。

1.1.3 口译能力评估

口译能力评估是口译研究中最具现实意义的内容，但也是研究者面临的最困难的问题之一。根据目的的不同，口译评估可分为：1）职业能力评估，即判断受测者是否具备从业资格或具备获评某个职称、某种等级的资格，从而判断其能否胜任某个职业岗位或某项口译任务；2）教学评估（或称训练质量评估），即判断学生是否具备某项能力，教学评估不仅要测量质量的实现程度，更要分析学生翻译能力的变化，其评估目的是要引导学生领会训练意图，从而达到训练目标（蔡小红，2007：138-139）。由于本书考察的是本科阶段的口译教学，而口译评估属于教学评估，因此本节将从评估指标和评估工具两方面来论述口译教学评估。

首先，评估指标方面，由于本科阶段口译能力的培养目标是语言和内容基本准确、表达比较流畅，因此内容、语言、表达应该是这一阶段的主要评估指标。Lee（2008）做了一项关于口译测试指标的调查。Lee邀请了9名职业译员做评分员，评估5名学生将英语口译为韩语的口译成绩，学生的母语均为韩语，在此之前已经学习了一年的口译课程。评分员根据Lee拟定的评分指标评分，这些指标包括准确性、译语质量、表达三项，每一项分为0到6级别，其中0级为最低级别。三项指标的比重分别为40%、40%和20%。各指标的定义如下：1）准确性，指如实传递原文内容，实现语意、语用的对等。2）译语质量，指译语在语言上准确、自然、合乎语境。换句话说，它指的是译语的可理解性，即译语质量服务于听众，可再细分为语法、语音、词汇、句法、自然程度、语域和语体等方面。3）表达，指公众演说或陈述技能，也就是有效的交际技能。评分员对译语表达的评估不必参考源语文稿。由于是通过录音记录学生口译的表现，评分员无法观察学生眼神交流、仪容体态等重要的公众演说技能，因此对表达一项的评分不包括眼神交流等内容。调查最后给出了评分员的反馈：大部分评分员觉得译语质量和表达这两个指标的界限比较模糊，不易分清，有50%的评分员觉得准确性这一项占的比重应为50%而非40%，即针对学生译员而言，内容应该是最重要的评估维度。类似地，Lee（2017）在最新开发的专门针对本科生的口译评估指标中，也将内容（content）作为最重要的评估指标。关于语言指标，Riccardi（2002：121-125）特别强调，口译教学评估应当有别于职业口译评估，因为学生仍然处于学习阶段，不断提高语言技能仍然是他们的学习目标之一，因此教学中的评估考察的应该是学生是否完成了教学目标，哪些领域需要提高，哪一类错误最频繁等。

其次，针对本科生口译能力的评估工具，最常用的仍然是语料计量和评分量表两类。语料计量即对原文和译文语料进行一定程度的客观测量，依靠机器（如语法自动标注）和人工（如判断意义准确性）计算错误句子的数量，从而推测出译员的口译水平或能力。这种工具通过对每个错误句子扣分，或者对每个准确的句子（error-free T-units）加分从而得出最后的分数。该工具如同一台机械性的词汇测试机器，可以较大程度地保证评分的可靠性，但同时也把语言准确性狭义地界定在词汇对等、语法准确等层面，忽略了语篇语用等宏观层面，忽略了评分员的主观参与，因此效度存疑（Green，2014）。与之相比，评分量表给出了口译的整体特征（整体性量表）或各项目特征（分析性量表），强调了客观语料和主观判断的有机统一，尤其是经过量表培训之后，能够保证较好的效度和信度（Su，2020b），因此受到了越来越多的重视。针对我国本科阶段的口译学习者，教育部和国家语言文字工作委员会于2018年开发的《中国英语能力等级量表》口译子量表（五级和六级）就是目前国内针对本科阶段最新的口译能力评估工具。

1.2 量表的起源和发展

《现代汉语词典》将"量"定义为"用尺、容器或其他作为标准的东西来确定事物的长短、大小、多少或其他性质"（中国社会科学院语言研究所，1996：789）。量表，即以表格形式测量对象的性质，是一种具体的测量工具。按测量对象划分，量表也可以分为物理测量和心理测量两类，本书主要关注的是心理测量，即通过人的行为表现推测其特质和能力的间接测量。

在我国，心理测量量表起源于医学评估，古代医书《黄帝内经》中就描述了对太阴、太阳、少阴、少阳、阴阳和平五类指标的观察和评估，可看作测量指标的早期应用。量表正式大规模应用于考试测量是在科举考试中。以作文量表为例，考官对科场中所考的试帖诗划分了题意和格律声韵两个主要指标，以保证大规模选拔性考试中试帖诗的可比性和客观评卷的公正性（刘海峰，2010）。在科举制度发展后期，出题和评分指标日趋死板，出现了备受诟病的八股文标准。不过，也有学者认为，这一量表指标是汉字考试文体发展到高级阶段的产物，具有规范竞争引导备考，严定程式防止作弊，客观衡文快速评卷等优势。这些优势也正是量表统一性、公开性的体现（刘海峰，2010）。钱穆提出，科举最大的意义在于"用一个客观的考试标准，来不断地挑选社会上的优秀分子，使之参与国家的政治"（1996：405-406）。因此，量表在我国考试制度中的起源和发展集中体现了中央集权体制下公平选材、客观选人的社会现实。

英语中的量表（rubric）一词起源于 13 世纪的古法语 rubrique 一词，早期指书的章节标题，尤其是指示某一做法、流程、程序的提示语（霍恩比，2016）。随着 19 世纪西方心理测量的发展，人们开始意识到人与人之间存在着心理上的差异。由于欧洲政治上民主思想的发展，教育与医学开始关注弱智儿童，智力测量也变得日趋重要。法国的比奈（Alfred Binet）与医生西蒙（Theodore Simon）于 1905 年合作编制的比奈—西蒙量表（the Binet-Simon Scale）是世界上第一个标准化的智力测量量表，该量表也成为西方心理测量中的重要工具。因此，量表在西方的应用与发展，在一部分程度上体现了西方社会尊重个体的民主思潮。

具体到语言能力量表这一细分领域，美国政府部门——外事服务学院（Foreign Service Institute，简称 FSI）于 1955 年发布的口语能力量表是较早开发的语言量表，考核的是驻外军事人员的口语能力。语言能力量表发展的标志性产物是 1990 年代欧洲委员会（Council of Europe）主导开发的《欧洲语言共同参考框架》（The Common

European Framework of Reference for Languages，又称《欧洲语言能力等级共同量表》），该量表的开发初衷是为了顺应欧洲委员会语言政策部门对语言教学分级的要求，希望把语言教学过程划分成若干个较小的、能独立授予学分的单元，从而建立一个能得到欧洲各国相互承认和采用的共同参照指标，使语言教学和测试透明化。

《欧洲语言共同参考框架》之所以成为语言量表发展史上的标志性产物，其优越性主要体现在：1）在理念上，该量表摒弃了传统量表将语言能力割裂为听、说、读、写四个孤立面的做法，对语言能力进行整体和分类的描述，考察使用者在接受、产出、交互、中介等语言活动中展示的语言能力；2）在研制过程上，该量表以描述语为起点，通过描述语采集、编写、建库、分级验证等方式，为语言能力等级的描写提供了一个全面的框架，在划分等级时力求量化和有序化；这两个特点也影响了后续包括《中国英语能力等级量表》（2018）在内的多个语言量表。

《欧洲语言共同参考框架》表于 2001 年 11 月由欧洲委员会通过并正式推荐给欧洲各国，各国据此制定各自语言的教学大纲和开发教材，并据此组织教学和语言测试。该量表推出后，各地的语言测试认证机构纷纷与之挂钩：欧洲语言测试学会于 2001 年决定将《欧洲语言共同参考框架》作为划分语言能力等级的指标。剑桥大学考试委员会推出的考试（包括商务英语考试、雅思考试、少儿英语考试、通用英语证书考试）所设立的水平等级都可以参照《欧洲语言共同参考框架》的等级指标进行解释。该量表在不同的测试之间架起了沟通的桥梁，为不同的测试所报告的分数或成绩提供了比较的平台，也为考试用户理解和使用不同的测试报告提供了方便，有利于不同国家或地区相互承认各种语言能力证书（方绪军，2007）。

在我国，制定统一的语言能力量表体现了我国的社会历史传统。我国的语言教育和社会发展总体特征一样，也符合各地指标不一、发展不平衡的国情特征。各地缺乏统一的参照指标，语言能力的定义或描述缺乏统一性，具体表现在：1）语言能力描述参数设置不一，比如有些地区的教学大纲对"口头交际策略"这一表述作了描述，但其他地区却没有。2）语言能力描述的精确度不一。对于能力参数（如语速、阅读速度等）各地的描述和刻度不尽相同。3）语言能力（水平）的等级划分不一。语言能力等级少则两三个等级，多则十几个等级。综合而言，各地语言能力的描述具有经验性、相对性和主观性等特点（杨惠中、桂诗春，2007）。由此，制定统一的语言能力等级量表，可以在语言教学中提供一致的参照指标，使语言教学与测试的讨论基于共同的基础。

为了响应这一需求，在参考了《欧洲语言共同参考框架》等主流量表后，教育部和国家语言文字工作委员会主导研制了《中国英语能力等级量表》（2018）。该量表是首个面向中国学习者的英语能力的量表，经国家语委语言文字规范（标准）审定委员会审定通过，于2018年4月12日正式发布，作为国家语委语言文字规范自2018年6月1日正式实施。

与《欧洲语言共同参考框架》相比，《中国英语能力等级量表》（2018）在理念和研制过程两方面取得了新的进展：理念上，《中国英语能力等级量表》（2018）不仅涵盖了传统的接受和产出领域（如口头交际），还从语用能力和翻译能力（包括口译与笔译）的角度描述了英语能力；研制过程上，量表描述语在收集和编写时依据其作答情况补充标注了其质量层级，全面反映了不同描述语的功能和优势，最终收录的描述语优先来自质量层级中最高层级的描述语（刘建达、彭川，2017）。接下来，将详述该量表构件的特点。

1.3 量表构件

量表在英语中有多种相似表述，例如清单（checklist）、评分表（rating scale）、量表等。其中，清单是相对简单的一种表格形式，其构件为指标和选项，每个评分标准下一般只有"是"或"否"两个选项，评分人只需钩选其一即可，所以又被称为标准清单。清单可比做电灯开关，由于电灯只存在"开"或"关"两种状态，因此评估过程便捷容易，评估结果简单直接。不少研究者（如 Green，2014）指出，清单显示结果迅捷直观，便于理解，因此特别适合学习者的自评和互评，尤其适用于低水平学习者。不过，清单给出的"是"或"否"结果对语言特征的概括过于简化，最后学习者只能把所有二元结果简单相加得出最后结论（即有多少项符合，多少项目不符合），但不能给出更精细的信息。

与清单相比，评分表和量表的构件更加复杂，尤其是分析性评分表／量表，对各个指标给出了更加丰富的参数，以便更加精细地测量出不同受试的等级。这类表格可比作有旋转按钮的电灯开关，随着旋转圈数增加，电灯光线逐渐增强，即测量的结果不再只是"符合／不符合"的二元数据，而是更加精细更加完整的数据范围。

就评分表和量表而言，二者在很多情况下可以互用，都包括整体表（holistic form）和分析表（analytic form）两类，都注重对观察对象的全面测量。有时量表这一词较评分表更突出定性的描述与测量，即不是以具体的分数来描述某一指标下的受试表现，而是以具体细微的描述语凸显某一指标或等级的突出性特征。例如，评分表会选择以 3、2、1 等数字区分某一指标的不同表现，量表则以经常、有时、几乎不等描述语来区分不同表现（Stevens & Levi，2013）。

量表的核心结构一般包括描述语、等级、典型活动三部分，以下将以《中国英语能力等级量表》（2018）为例，逐一介绍这三项内容。

1.3.1 描述语

描述语，即对学习者语言特征的陈述。描述语的来源包括专家的经验总结、对其他学科的描述语的借用、对实证数据的提炼三类。《中国英语能力等级量表》（2018）的描述语主要来自专家的经验总结、使用者（包括教师、学生、用人单位）的反馈、语言测试数据的提炼等渠道。该量表的描述语以交际能力的理论为基础，即视语言能力为学习者在一定的交际场景中得体地运用语言知识进行语言交际的能力（Bachman，1990）。遵循这个理论框架，使用量表培养学生运用语言进行交际的能力就是语言教学的中心任务，量表中描述语言能力的描述语也自然应该着眼于学习者能用语言完成怎样的交际任务，即所谓的"能做"描述（can-do statement）。这一描述语是对语言能力直接进行描述，可以直观地说明具有某种语言能力的学习者能用语言完成怎样的交际任务。从用户视角来看，对不同等级水平的语言能力进行直观的"能做"描述也便于用户理解和使用量表，理解量表所产生的成绩和结果。

量表使用"能做"描述固然有目标明确、使用便捷、促进学习等诸多优势，但"能做"句式本身并非没有局限：1）"能做"描述语本质上是对学习者目标水平的描绘，即英语能力目标水平符合哪个级别、哪条描述语的特征，正如设计者所说，量表不仅立足于中国学习者现有的英语水平，也着眼于学习者未来英语能力的发展，兼具描述性和规定性（刘建达、彭川，2017）。不过，"能做"描述语只能给出目标状态的特征，如果学习者水平不符合这一目标状态，量表本身并不能教会学生应该如何努力才能达到目标。例如，口译自评子量表第六级给出如下描述语："我能监控译语的准确性及完整性，及时修正错误"（穆雷等，2020：146）。该描述语清晰实用，学生自评时能够迅速判断自己是否可以实现这一能做行为。不过，对于始终不得要领、不能实现该行为的学习者，量表除了给予其"不能做"这一单调的结论，并不能给出更多丰富的指导信息。2）"能做"描述语属于正面描述，给出的是学生语言各个层面的理想特征（expected traits）。学生在达到这一理想水平之前，由于学习习惯、学习风格和学习进度各不相同，总能遇到形形色色的学习困难，表现出各类负面的语言特征。仍以上述口译自评子量表第六级描述语："我能监控译语的准确性及完整性，及时修正错误"（穆雷等，2020：146）为例，能够满足这一能做描述语的学生，表现出的是统一的、正面的口译特征。不过，仍然有一批无法实现这一描述语行为的学生，他们表现出的口译特征均不能达到这一目标，但各有缺点和不足：有的学生意识不到错误，有的学生无法区分明显和不明显这两类错误，有的学生无法在正确的时机及时纠正，有的学生完全不懂得如何纠正。这些负面特质各自蕴藏了丰富的学习信息和诊断需求，但"能做"描述无法一一深入。

1.3.2 等级

《中国英语能力等级量表》（2018）的另一核心结构是等级。根据方绪军等（2008）的观点，语言能力等级量表的等级设计应该包括三步：1）设定量表的参照点，该参照点所代表的语言能力应该能够满足社会对学习者语言能力的基本要求，参照点所表示的语言能力应该使用精细而清晰的描述（即量表的描述语），以便为确定其上和其下的语言能力等级提供有效和可靠的参照。2）设定量表的量度单位，确定语言能力等级的跨度大小及等级之间的分界。量度单位大小要合适，等级不宜太多也不宜太少，等级之间的跨度也应该等距。3）设定量表总长度，从实用、灵活、可操作的角度考虑，量表长度可以根据社会对语言能力描述和测量的需求情况，通过需求分析，确定需求量最大的语言学习者人群，从描述和测量这一人群的语言能力开始，向两端延伸，最终确定量表的总长度。《中国英语能力等级量表》（2018）最终将英语能力确定为九个级别，基本覆盖了基础教育到高等教育各个阶段的语言能力特征。

需要特别指出的是，据量表设计者介绍（王巍巍等，2018），口译教学对语言能力的要求较高，因此五级（包括高职、非英语专业大一、非英语专业大二、英语专业大一）以下的目标群体无法达到口译教学对纯语言能力的起点要求，口译量表能力等级划分以五级作为起点，包括五、六、七、八、九级这五个级别。

1.3.3 典型活动

量表除了给出描述语和等级外，还覆盖了各个典型场景或者语言活动。刘建达、韩宝成（2018）指出，典型活动即在某一特定领域围绕一定话题运用语言进行交际的典型行为，包括输入和输出文本信息等内容。典型活动包括话题和语境两个核心要素，前者是谈话或讨论的题目或主题是语言使用者通过各种口头或书面材料表达出的意义；后者指运用语言进行交际的情境，包括各种事件和说话人的内外在情况等各项要素。量表设计者评估了语言学习者最常接触、最实用的典型活动，并根据话题功能提出了六类典型活动，分别为叙述性、描述性、说明性、论述性、指示性、交流性活动。每类活动的筛选和排列遵循以下规律。

首先，典型活动并不是简单的罗列，它们按照一定的顺序，遵循语言能力习得顺序依次排列。以记叙性活动为例，在听力子量表中，初级学习者（第一级）只能听懂绘本故事、动画片等简短的听力文本。随着听力能力不断提高，能够听懂体育赛事播报、现场新闻报道、电视访谈等难度较大的内容。

其次，典型活动的难度设计主要集中于几个有限的特征性参数。参数之一是内容的抽象程度，不同阶段的学习者所能理解和表达的话题内容会随着认知能力和社交能力的增长而发展。他们所能理解和表达的内容慢慢从自我世界、眼前世界延伸到更广阔的世界，话题内容变得越来越抽象和复杂（刘建达、韩宝成，2018）。参数之二是语言特征。较容易的活动文本结构清晰、用词简单，但难度更大的活动往往文本结构复杂、术语生僻词多、观点隐晦、专业性强，会含有隐喻和双关等修辞和概念抽象的材料（何莲珍、陈大建，2017）。

1.3.4 小结

本节主要介绍了量表这一评估工具相对其他评估工具的结构特点，并以《中国英语能力等级量表》（2018）为例，述评了量表描述语、量表等级、量表活动三大主要内容：量表描述语即语言使用的特征陈述，以"能做"描述为主要表现形式；量表等级为一至九级，共九个级别，覆盖了从基础教育到高等教育各个阶段的学习者，能够比较精细而全面地刻画语言能力发展的阶段性特征；量表活动分为叙述性、描述性、说明性、论述性、指示性、交流性活动等类型，按照活动涉及话题的熟悉或抽象程度、话题文本的语言特征等参数设置不同的难度等级。

需要指出的是，获得量表并不意味着学习者能够自主开展学习和评价活动，量表的助学助评功能仍受到多种条件的制约，正如

Panadero & Romero（2014）所述，量表与学习的关系动态多元，即使配备了量表，学习者也会因压力过大而采取规避策略，从而制约量表的助学效果。就《中国英语能力等级量表》（2018）而言，经过严谨规范的开发研制，其助学助评效果在实际操作中能否顺利实现，会受到哪些因素的影响，这也是本书着重探讨的内容。

1.4 量表的理论基础

量表的助学功能体现在调节学习者的情感和认知，调节学习者的社交功能等方面，其理论基础主要包括自主学习理论和社会文化理论两类。

1.4.1 自主学习理论

量表一个重要的理论基础就是自主学习理论。早期的自主学习理论关注点在课外的自学活动，如 Holec（1981）从自主学习的能力出发，将自主学习视为学习者有能力制定学习计划、选择学习材料、监控学习过程、自我评价学习结果等方面，强调课外自主学习的重要性。而 Dickenson（1987）从学习的情境出发，将自主学习定义为学习者要对与其学习有关的所有决定和这些决定的后果承担全部责任的学习情境。这两类理论视角都突出了学习者自己主导学习的特征，但没有对如何实施、如何考核，尤其是量表如何在自学中发挥作用进行系统论述。

随着认知心理科学的发展，学界对语言学习本质的认识不断深入，研究者开始探讨自主学习过程中的心理和情感状态，尤其开始关注量表对自主学习的推动和调节作用。

首先，量表是推动自主学习的一个重要途径。学习者的自主学习或自主评估主要有三个途径：直接评测、使用量表、使用指导手册（Panadero & Romero，2014）。其中，使用量表成为促进自主学习的一个重要途径，这不仅仅是因为量表规定了各个表现指标及其内涵，明确了学习者的努力方向，还因为量表大都给出了具体的评估策略，学习者可以通过实践这一评估过程，更清楚地了解自身的优势和不足，确定自己的努力途径。量表的推动作用还表现在，它能为学习者的成绩提供诊断性反馈，这也是量表最直接、最常见的助学功能。例如，参照《欧洲语言共同参考框架》开发的一项基于计算机的诊断性语言测试（Diagnostic Language Tests，简称 DIALANG）就充分体现了量表对学生语言能力的诊断反馈功能。学生完成 DIALANG 测试后，项目会对考生的自我评估等级和 DIALANG 测试成绩等级进行比较分析，给出自评和机评的差异，鼓励学生去探寻为什么会存在这样的差异。这些反馈信息能够提高学习者对语言本质和语言学习的认识，从而帮助他们更准确地诊断自己的语言能力。此外，项目还对学习者如何从目前的能力等级向更高一个等级发展提供了具体建议，以鼓励学习者去思考该采取什么样的行动来提高自己的语言能力，这些反馈均能够帮助学习者认识自己的优缺点，促使学习者比较自己对语言能力的期望与量表等级之间的差距，激励他们采取相应的措施提高语言能力（Alderson，2005）。

其次，量表是调节学生情感和认知的重要手段。心理视角下的自主学习研究认为，学习者需要不断调节自身的情感和认知状态，提升自我效能，促进学习效果，而量表就是情感或认知调整过程中一个重要的干预变量。自主学习能力意味着学习者能独立做出并实施影响自己行动的选择能力和意愿，而这种意志取决于学习者的动机和信心程度。陶伟（2017）通过心理测量问卷发现，语言自主学习行为与学习者的倦怠程度相关系数较高。Reynolds-Keefer（2010）发现，使用量表能极大地减轻学习者焦虑，提升信心，平衡精力分配，从而提高学习效率。

量表不仅仅能调节学习者的情感，还能调节其元认知能力，这里的元认知能力主要包括自我规划和修正、自我监控和反思的能力。由于量表的指标清晰、操作性强，学生可以根据其要求事先规划自己的学习策略，也可以根据评估后的结果进行事后反思并调整学习计划。汪琼等（2019）发现，课堂上使用的量表可以成为学生的一种反思支架，帮助学习者结构化地运用课程所学知识对自己或他人的作业作出评价，因此，运用量表进行作业评价的过程，就是审辨和反思的过程。特别需要提出的是，量表评估不仅能促进被评估者的审辨和反思，还能促进评估者的思考。汪琼等（2019）还特别指出，互评活动是一个健康的学习生态，参与互评的学习者在这个过程中都会认真参与，评估者写下的不同长度的评语表明评估者也有进行反思活动，只是反思意识的意愿和强弱可能因人而异。

关于量表促进元认知能力的具体测量方法，汪琼等（2019）首先将反思意识操作化定义为"学习者在进行作业互评的时候，有无应用作业互评量表的意识"。由此对量表促学效果的判断可以立足于学习者的互评记录。该研究进一步提出了评语与量表原文在字符上的匹配程度这一视角，即学习者在写评语的时候如果能够借鉴量表的语言，如果评语文本与量表高度匹配（使用量表原词或者近义词），就代表学习者在写评语的时候在思考作业的某个方面应该达到的水准，能表现出一定的反思意识，且这样写出的评语会有一定的针对性。对被评者来说，这样的评语也会有参考价值，因此会被界定为高质量的评语。依循这一研究视角，该研究发现，25.5% 的学习者其评语和量表之间没有吻合之处，一定程度上说明了这些学习者在写评语时没有体现出反思意识。不过，成绩好的学生互评的时候会更多参考量表，生成的评语质量较高，而且他们作业得到的评语也质量较高，因为其他同学愿意分析和借鉴这样的作业，其评语也会大量引述和论证量表的各个维度。

具体到《中国英语能力等级量表》（2018），根据负责人介绍，研制《中国英语能力等级量表》的目标是促进中国学习者自主学习，这既包括设置学习目标，借助量表提供的指标参照，确定自己的学习计划，也包括学习者自我监督学习过程，依据量表选择学习方法和策略，利用形成性评价手段来管理自己的学习过程（刘建达，2017）。由此，量表对学习者自我学习发挥着积极作用，通过描述语支持学习者进行自我评估，提供以学习者为中心的语言学习方法，鼓励自主学习（Runnels，2016）。不过，量表的各个结构对自主学习的具体促进作用和实现方式仍然需要进一步的研究。

1.4.2 社会文化理论

量表助学的另一个重要理论基础是社会文化理论（Vygotsky，1980）。社会文化理论提出，个体知识的获取和发展有赖于个体在社会活动中的交流。在交流中，学习者在与周围人的互动和合作中激活了自身的内部发展程序。由于交流双方在知识、经验、能力上不尽相同，交流成为一个搭建脚手架（scaffolding）的过程，能力较弱者在能力较强者的帮助下能够完成自己无法独立完成的任务。学习者现有的能力水平与在他人帮助下可以达到的水平之间的距离被称为最近发展区（Zone of Proximal Development，简称 ZPD）。当学习者能够独立完成在他人帮助下才能完成的任务时，其最近发展区会关闭，进入下一个最近发展区。学习可视为从一个最近发展区向下一个最近发展区发展的过程。

量表作为一种特殊的脚手架，一方面为学习者交流提供了对话的脚本，促进了不同类型学习者之间的有序沟通，另一方面也为不同水平学习者之间的同伴反馈提供了一个公平竞技场（level playing field）：质量指标不再是高水平学生的独有话语内容，低水平学习者也能参与讨论、发表意见，也能就同一质量指标在不同水平学生上的体现提出自己的见解，向对方的学习习惯、学习风格提出基于量表的建议和意见。由是观之，量表不仅提升了低水平学习者的信心和参与度，更重要的是组建了一个受众更多、参与面更广、交流更活跃的学习共同体，真正发挥了帮助不同类型、不同水平学习者的脚手架作用。

不过，量表在互评过程中的使用也面临挑战。周季鸣、束定芳（2019）发现，学生使用量表互评的主要困难包括理解困难、使用困难、认知困难三个方面。量表理解困难方面，有学生提出对某些宏观指标，如语域（register）感到困惑，最终没有依据这一指标给同学的英语作文评分，也未得到与教师进一步沟通、了解语域这一内涵的机会。认可困难方面，有同学提出某些指标的设置，如流利（fluency）极不合理，因此互评时并不使用这一指标。最后，即使理解并充分接受了量表指标，学生仍反馈评价时要在短时间内考虑语言、内容和报告方式等维度，在认知上存在巨大压力，因此无法顺畅地使用量表完成互评。针对上述困难，除了加强量表指标解释、对量表内涵的沟通外，在量表使用过程中教师应给予方法指引，如递进式评估（一次只关注一项指标，逐项累积）、匿名评估、优缺点同步评估等。同样，徐鹰、章雅青（2020）在学术英语课堂推行基于量表的同伴评估中也发现，同学集中于表面的语言特征，比如作文的字迹是否清楚、用词是否丰富、句式是否复杂、语法是否正确等，而且多是褒奖的评语，缺乏对于思想的逻辑性、论点的说服力以及学术写作规范性等方面的建设性意见，这可能直接导致其反馈得不到同伴的信任，从而使得量表的社交效用大打折扣，因此迫切需要教师进行干预或量表培训，以挖掘量表的助学潜力。

1.5 小结

本章介绍了本科阶段口译能力的评估目标，梳理了量表的起源和发展，并以《中国英语能力等级量表》（2018）为例，评述了量表的典型构件，最后着重述评了量表助学的理论基础，即自主学习理论和社会文化理论。前者侧重量表对个人认知和情感的调节，后者侧重量表对同伴社交的指导和支持。本章发现，总体而言量表在自评（自主学习）和互评（同伴社交）领域均得到了较多的正面证据，但研究者也提出，仅凭量表本身并不能保证其助学效果能够充分发挥，量表需要和其他干预方式（如量表培训）相结合才能充分发挥效用。本书将针对《中国英语能力等级量表》（2018）这一新量表，以国内本科阶段的口译学习者为研究对象，考察其在不同培训方案下的助学效果。此外，现有研究多关注自评和互评这两类场景，探究不同背景的学习者使用量表的差异，本书将以英汉口译这一跨语言交际任务为窗口，引入不同背景的教师（即中文母语教师和英语母语教师），综合考察以学生为主体，多背景教师为辅助的量表应用场景，从而提出更加丰富全面的量表应用方案。

第二章
基于量表的口译自我评估

本章要点：

- 基于前人文献整理出量表自我评估的三条主要路径，引出口译任务下的自评特殊要求，界定本章的研究问题。
- 介绍录屏软件，将其作为自评过程的研究工具。
- 比较三组不同水平学生的自评视频和自评文本，发现低水平组更关注通俗策略、流畅策略等表层特征，且在评估过程中听取自身录音更频繁，时间更久；高水平组学生量表使用更均衡，评估逻辑策略等深层次特征的能力更强，也无须频繁打断和听取自身录音。

2.1 口译自我评估

自我评估指的是学生能界定现有水平和理想水平的差距以提高自身表现的能力（McMillan & Hearn，2008）。在外语教学领域，基于量表的自我评估是学生自主学习的主要路径。一方面，基于量表的自我评估可以提升学习者的语言交际意识，帮助学习者关注语言的交际功能，而不仅仅是关注语法知识，或加深其对口语的社会语言维度的理解，从而明确高低语言水平的区别性特征（Kissling & O'Donnell，2015）。另一方面，基于量表的自我评估有助于学习者养成自我反思的学习习惯，辩证地看待自己的学习得失和能力强弱。高质量的自我评估可以使学习者即使走出校园也能养成终身学习的好习惯。Kissling &

O'Donnell（2015）进一步提出，通过借助量表，学习者能够更有意识地设置合理的学习目标，监督学习进度，从而实现高质量的学习管理。

国内外语界对基于量表的自我评估研究，在 20 世纪末和 21 世纪初逐步展开（刘津开，1999；路文军，2006），主要从三类研究视角切入：

1）学习者内部视角，关注个人的认知策略使用。此路径以认知心理学为理论依据，视自我评估为一种元认知策略，考察学习者如何基于量表各指标（内容、词汇、结构等）对语言的产出进行自我评测，研究工具多为问卷、有声思维（韩宝成、赵鹏，2007）或访谈（路文军，2006）等。

2）学习者外部视角，关注学习者自评和外部评估的相关性。此类研究以测试信效度为理论依据，计算学生在量表各个项目下的自评信效度。以口笔译为例，研究者发现自评、师评、评分三项指标之间存在一定的交互性，据此提出加强量表培训的建议（范劲松、季佩英，2017）。不过，目前口译量表均是基于产品的评估，没有针对口译过程和口译能力的量表自评（王巍巍等，2018），而且研究基本为横截面研究，没有历时地跟踪学习者的评估能力发展过程。

3）学习者能力发展视角，以形成性评估为理论依据，综合考察学习者内部（认知策略）、外部（测试结果相关性）和能力发展的关系。刘建达（2017）提出，基于量表的形成性自我评估能够提高学习者的自主学习能力和思辨能力，但目前这一视角大多停留在经验判断阶段，"还需大量研究来探讨量表在我国英语教学和测评中的作用"（2017：8）。

与其他语言任务相比，口译自我评估的特殊困难在于：1）评估指标更加复杂。口译是一种跨语言、跨文化的交际活动，评估时需要关注的质量维度更多。2）评估条件更加苛刻。评估者既要面临时间压力，又要面临多重文本的选择（源语文本、学生译语文本、参考译语文本、量表文本），更难生成完整的评估意见。Bartłomiejczyk（2007）发现学生自我评估时能够关注内容忠实这一指标，但有关语言表述指标的意见过少。Su（2019a）也发现，在面临多重文本时，学生的口译自我评估认知压力甚至高于口译过程本身。

综合而言，口译学习者在完成自我评估的过程中面临多重压力，其作为独立学习者的成长过程值得特别关注。随着《中国英语能力等级量表》（2018）正式出台，量表究竟在哪些方面、多大程度地促进了口译学习者的自我评估，目前尚没有系统的实证研究，量表内部各个指标之间的差异也需要实证性数据的支撑。据此，本文选择了三所类型的高校（教育部直属综合性大学、地方综合性大学、民办本科大学）进行研究，研究目标为：学习者量表自评有何差异？具体研究问题如下：

1）学习者自评时在量表各个指标之间有何差异？

2）不同水平学习者在自评时之间有何差异？

2.2 研究介绍

2.2.1 案例背景

本研究对三所不同类型高校的英语本科专业学生进行随机取样，样本规模和特征如表 2.1 所示。

表 2.1 学生样本

	专业 / 年级	TEM4 成绩均分 / 标准差	人数
学校 A 民办大学	英语 / 四年级	53（SD=6.4）	21
学校 B 地方大学	英语 / 三年级	67（SD=7.0）	21
学校 C 部属大学	英语 / 三年级	78（SD=4.1）	21

以英语专业四级考试成绩为参照，以上三所学校的学生大致代表了三个英语水平：A 学校为低水平组，B 学校为中水平组，C 学校为高水平组。研究者分别前往三所学校的口译课堂进行口译自评实验，收集有效样本共计 63 份。

2.2.2 量表

本研究使用的量表是《中国英语能力等级量表》（2018）口译策略子量表。根据 Jin et al.（2017）介绍，《中国英语能力等级量表》能促进中国英语学习者在英语听、说、读、写、译等方面的自我评估和同伴评估。就口译策略子量表而言，针对本科生阶段（量表级别大致相当于五级和六级）的口译策略包括规划、执行和评估三部分（穆雷等，2020）。根据本研究的课堂环境，量表略有调整，增加了第七级以囊括少部分水平较高的学习者，并在五级的通俗策略中补充了一条策略，即能使用通俗易懂的语言表述，其他各条描述语保持不变，如表2.2 所示：

表 2.2　口译策略量表

策略	指标	例句及分析
逻辑	能用连接词再现或明示源语语句之间逻辑关系（五级） 能整理源语信息的逻辑层次（六级） 能使用增补删减等方法明示源语中的模糊指称（七级）	_____ _____ _____
通俗	能使用通俗易懂的语言表述（六级） 能用通俗的语言，即时解释暂时无法找到"对等翻译"的源语词句（六级） 能解释难懂的专业术语、缩略词和文化负载词（七级）	_____ _____ _____
流畅	能注意到译语产出流畅情况（五级） 能适当调整译语产出流畅情况（六级） 能根据对话主题讲话人身份场景调整音量语速（七级）	_____ _____ _____

由于《中国英语能力等级量表》（2018）以"能做"为描述语主干，因此各评估指标均是对各领域合格表现的正面描述（Jin et al.，2017）。在上述三所学校，研究者以集中讲授和问答的方式，向学生解释量表的内容和使用方法，随后进行口译自评实验。

2.2.3 自我评估过程

本实验在语音教室进行。研究者预先在每台电脑上装了录屏软件。该软件可以录下操作者所有的电脑使用行为（鼠标移动、音频暂停、文档打字等）。

三所学校的自我评估流程保持一致，均分为两个环节：

1）口译录音。学生进入语音室，每人听取一段汉语录音（见附录一），经过 1 分钟准备后开始口译为英语。口译过程录音，录音文件自动存入学生所在座位的电脑中。口译完成后学生会听一遍参考译文（见附录一）。第一环节共耗时 5 分钟。

2）自我评估。三组学生依次进入语音室。每名学生依次打开四个窗口：量表策略一逻辑策略（窗口 1）、量表策略二通俗策略（窗口 2）、量表策略三流畅策略（窗口 3）、以及学生译语音频（窗口 4）。前三个窗口所列的策略遵循表 2.2 中对口译策略量表的分类，其内容源自《中国英语能力等级量表》（2018）口译策略子量表（见表 2.2）。每个窗口会在中心位置给出该策略对应的三个级别的描述。

2.2.4 数据收集和整理

本研究数据来源主要为量表评语文本和视频等质性材料。首先，本文收集和对比了策略评估的文本字数指标，即三组学生策略评估时的分析字数。例如，某学生的互评录像中在逻辑策略窗口输入评语 35 个字，则该生逻辑评估的字数为 35。本文按照此计算原则对比了三组学生不同策略下的文本字数。

其次，本文收集和对比了策略评估的窗口切换频次指标和停留时间指标。指标统计方法为：研究者观看评估视频录像，依据录像确定频次和时间长度，由此可将时间长度的最小单位确定为 0.5 分钟。

本文最后计算整理了每次实验的九个指标：逻辑策略字数、通俗策略字数、流畅策略字数、逻辑策略（窗口切换）频次、通俗策略频次、流畅策略频次、逻辑策略（窗口停留）时间、通俗策略时间、流畅策略时间。

2.3 结果与讨论

2.3.1 分指标对比

本节首先讨论口译学习者自评时各个指标之间的差异。下表列出了高中低水平组在各项指标上的描述性统计结果：

表 2.3　不同水平组评估指标的描述性统计

概述指标	低水平组（ n =21）		中水平组（ n =21）		高水平组（ n =21）	
	均值	标准差	均值	标准差	均值	标准差
逻辑策略字数	13.07	1.387	22.33	1.113	36.07	4.383
通俗策略字数	27.13	4.068	22.53	1.846	35.67	4.100
流畅策略字数	12.00	1.512	14.87	1.846	21.20	.862
逻辑策略频次	3.67	.488	4.33	.816	2.33	.488
通俗策略频次	5.13	.743	3.33	.976	2.20	.676
流畅策略频次	1.87	.743	2.47	.834	2.67	.488
逻辑策略时间	.533	.1291	1.233	.3716	3.700	.6492
通俗策略时间	2.767	.4169	3.000	.8452	2.767	.5300
流畅策略时间	.933	.1759	1.200	.3684	2.633	.6673

表 2.3 显示，逻辑策略字数、流畅策略字数、流畅策略频次、逻辑策略时间、流畅策略时间这五个指标从低水平组到高水平组均有序递增，即这五个指标的数值趋势与不同水平组的趋势一致。与之相对的是，通俗策略频次随水平的增加而有序递减。最后，逻辑策略频次、通俗策略字数和通俗策略时间这三个指标随水平增加而先减后增，表明这三个指标与学生水平之间不存在线性关系。

具体而言，逻辑策略字数和逻辑策略时间会随学生水平上升而递增的趋势非常明显（逻辑策略字数：13.07 → 22.33 → 36.07，逻辑策略时间：.533 → 1.233 → 3.700），且策略差相对较小，这似乎表明这两个指标与学生水平趋势最接近。相比而言，流畅策略字数、流畅策略频次和流畅策略时间的变化趋势相对不明显，即这三个指标不足以反映学生的水平变化趋势。

基于以上数据似乎可以看出，学生如何评估逻辑策略，很大程度上能反映其口译评估能力：与低水平组学生相比，高水平组学生在评估逻辑策略时，会投入更久的时间，生成更长的评估内容，与此同时，逻辑窗口的切换次数也更少，即高水平组学生不需要频繁暂停译语就可以完成详尽的评估，效率相对较高。逻辑策略评估的这一特征进一步完善了前人关于口译评估的研究。Su（2019a）发现，由于语篇逻辑等宏观策略对口译学习者的记忆和语篇能力要求较高，因此同伴评估时逻辑策略的评估字数远少于语法准确等微观策略的评估字数。本研究进一步指出，作为高水平口译学习者的优势能力，记忆和语篇能力能够在同伴互评过程中帮助他们提高逻辑评估的敏感程度和投入水平，更合理地分配评估时间（如减少暂停次数，每次暂停后输入更详尽的内容），从而提高评估的有效程度。

与逻辑策略相比，通俗策略在评估的字数和频次上也能区分出不同水平组的学生，只是在时间维度的区分力较低，这说明高水平组的确能以较少的窗口切换次数输入更详尽的内容。此外，高水平组在通俗策略上所分配的时间和其他水平组并无明显差异，这似乎表明，从时间而言，这一策略的评估难度相对较低，各水平组学生都能以相近的时间生成评估意见。根据口译量表，通俗策略更多关注的是词、句层面的快速转化（能使用通俗易懂的词句，能即时解释源语文化负载词等），体现的是译员微观层面的词汇处理技巧而非宏观层面的语篇分析能力，因此各水平组学生不需要分配太长时间研究译语录音和译语语篇，就可以判断对方的通俗策略并形成各自的评估意见。本章研究的这一发现进一步补充和完善了前人有关词汇策略评估的研究。例如，Bartłomiejczyk（2007）发现，学生在口译评估时对词语的翻译最为敏感，指出的频次最多。Gile（1995）发现，不同水平组的学生在口译评估时，对词汇层面的错译漏译都最有把握，意见也最为集中。本研究认为，如果仅从指出的次数和时间分配等结果来看，高水平组和低水平组之间在通俗策略上的评估差异不大，但如果结合窗口切换等过程维度，我们会发现在相近的时间内，高水平组的学生无须频繁停顿录音就可以生成详尽的评估意见，即通俗策略仍能体现出高水平组学生熟练的策略判断能力（切换频次更少）和深入的分析能力（评估字数更长）。

此外，比较三个评估指标还可以发现，无论是逻辑策略、通俗策略还是流畅策略的评估，评语字数这一指标均能有效区分出不同水平组，这表明学生输入评语字数的多少仍然是区分评估能力的可靠指标。类似的，Su（2020b）发现，经过培训后的口译学生较未培训时能产出更全面、更丰富、更平衡的评语文本，展示出更高的口译评估能力，即文本字数能有效地标识其口译能力发展的不同阶段。

不过，本研究也发现，窗口切换频次和窗口停留时间能在很大程度上丰富和补充对评估能力的描述与测量。以通俗策略为例，若从评语字数的均值来看，高水平组对低水平组的优势并不明显（35.67和27.13），远远不及逻辑策略下高水平组对低水平组的优势（36.07和13.07）。但如果结合高水平组和低水平组在评估通俗策略时的窗口切换频次（2.20和5.13）和停留时间（均为2.767）来看，高水平组只需要相同的时间且明显更少的切换频次就能产出更多的评语文本。这表明高水平组不仅仅是单纯的文本字数占据优势，他们的评估效率明显更高，熟练程度明显更强，这些过程性评估指标更能丰富地刻画出评估能力的具体细节和特征。

2.3.2 分组对比

本部分重点使用质性数据讨论了三组学生自评的组别差异。整体而言，三组学生对通俗策略这一指标的关注较多，生成的案例例句更长，以下将从文本对比和时间对比两个层次展开。

2.3.2.1 文本特征分组对比

首先，三组学生量表文本的整体使用情况如下表所示：

表 2.4　量表文本整体特征分组比较

指标	策略类型	A 学校	B 学校	C 学校
指标频次（次）	通俗策略	44	47	47
	流畅策略	31	35	41
	逻辑策略	27	27	38
例句字数（词）	通俗策略	213	266	281
	流畅策略	128	170	214
	逻辑策略	145	119	257

由表 2.4 可见，A 学校和 B 学校学生自评时，对通俗策略指标的关注明显超过对其他两个指标的关注。通俗策略这一指标不仅频次更高，而且生成的例句更长，这似乎表明通俗策略在自评过程中更容易被识别，也更容易产出详细的解析例句。相较而言，C 学校学生虽然对通俗策略的使用频次也最高，但逻辑策略和流畅策略的使用频次也较高，例句长度也比较均衡。换言之，高水平组学生在口译自评时，似乎能更好地平衡三个指标的使用频次及其产生的例句长度。

这种指标使用的平衡性差异在逻辑策略这个指标上体现得更明显：A 学校和 B 学校的逻辑策略频次明显偏少，例句长度偏短，该策略下，C 学校不仅频次较多，例句也偏长。以下表 2.5 给出篇章同一原句的自评对比：

表 2.5　量表文本例句对比

原句：那个年代，生活十分贫苦，孩子又多，父母亲终日劳碌，没什么时间关心孩子。	
参考译文：At that time, with little income and many children, parents didn't have time to care for each child as they were busy working all day long.	
学生 S1（A 学校）	我这句用了一个 so，好像可以算是达到五级的逻辑（策略）。

（待续）

（续表）

| 学生 S1（B 学校） | 我加了几个逻辑连接词——so、furthermore，这样比较清晰。 |
| 学生 S1（C 学校） | 我的和参考译文有点像，用了介词短语，用了连词，虽然没有它那么灵活，但基本能理清它的层次。 |

　　表 2.5 显示，针对同一句，三名学生都比较认可自身的策略使用，都使用了逻辑翻译这一指标，这符合 Jin et al.（2017）提出的量表设计理念，即通过"能做"描述语让初级学习者能比较自信且及时地实施自我评估。三名学生的例句体现了更多的差异：A 校学生初步意识到了自身使用的策略，不过不够确定（如表述"好像可以算是"），且使用的策略也不够丰富（只用了一个连接词）；B 校学生的例证更多（加了几个逻辑连接词），判断也更加确定；C 校学生的例证更加丰富，不仅有连接词，还有介词短语。更重要的是，该名学生有意识地将当前水平（current level）与参照水平（reference level）联系起来，明确了努力的方向和目标，明晰了可能存在的差距，对自身策略的使用情况有了更加全面和深入的了解，符合 Sommers（1980）提出的高度自觉的高水平评估者所具备的特征。

　　综合而言，量表的文本特征（频次＋例句）初步表明了高水平组学生自评更均衡、例证更深入的差异性特点。下文将深入探究三组学生在自评的两个级别上有何差异。

　　三组学生不仅在量表文本的总体使用特征上同中有异，在不同级别的总体使用特征也不尽相同，如下表所示：

表 2.6　量表文本分级对比

	指标频次（次）	A 学校	B 学校	C 学校
五级	策略总数（逻辑＋通俗＋流畅）	70	74	63
	各策略构成	3∶4∶3	3∶4∶3	3∶4∶3

（待续）

（续表）

指标频次（次）		A 学校	B 学校	C 学校
六级	策略总数（逻辑＋通俗＋流畅）	32	35	53
	各策略构成	1∶5∶4	2∶4∶4	4∶3∶3
七级	策略总数（逻辑＋通俗＋流畅）	11	23	44
	各策略构成	1∶5∶4	1∶5∶4	4∶3∶3

第一，三组学生虽然在英语水平上存在差异，但在使用自评策略时均倾向于将自己定位在五级水平，即学生自认为自身使用的策略更符合五级的口译能力特征，这基本符合三组学生处于本科生这一学习阶段所具备的特征。需要注意的是，若以英语专业四级成绩为参考值，C 学校学生的英语水平明显高于其他两组的水平，但其自我定位却仍以五级能力为主，一个原因可能是高水平组学生的自我评估更加务实和低调，另一个原因可能是他们对第五级的策略界定更容易，因此学生更多使用该级别的描述语进行自我分析。

第二，根据策略来看，在第五级，三组学生在策略使用的频次分布非常接近，均为 3∶4∶3，其含义是，在自评使用的所有策略中，通俗策略约占 40%，流畅策略和逻辑策略各占约 30%。这似乎说明，通俗策略的描述语简单易懂，学生使用的频次相对较高，使用后也可快速进行自我回忆和辨识。另一方面，三组策略的分布比较均衡，这也说明在五级这一口译能力的入门级，学生对策略的理解和评估都容易上手，不存在过于侧重某个策略的情况，即在初级别阶段，策略的习得和自我反思都比较容易，这也符合以往学者提出的口译能力习得由易到难的阶段性特征（Setton & Dawrant，2016）。

第三，在六级，三组学生的策略使用频次结构开始出现较为明显的差异，A 学校为 1∶5∶4，其含义是 A 校学生六级通俗策略的使用约占 50%，流畅策略约占 40%，而逻辑策略仅有 10%。六级策略在 A 校学生中不仅使用的绝对数量少（共 32 次），分布也最不均衡，其中一半都集中在通俗策略上。相较而言，B学校学生通俗策略和流畅策略数量相当，不过逻辑策略比例也很少（仅占20%）。C学校学生的策略分布最均衡，各策略比例为4：3：3，而且策略使用的绝对数量也最多（共53次）。这似乎表明，高水平组学生（C学校）使用更高一级策略（六级）的频次更多，且随着策略级别的提高，不同水平的学生对策略的认识和使用开始出现分化。对于含义抽象、指涉模糊的描述语，学生在使用时更有信心，各个策略的分布也相对均衡。同样的，在七级，C学校学生的策略使用次数开始明显高于前两个学校的次数，这也表明高水平学生的译语具备了更多高级别的译语特征，且他们在自评时也更容易辨识这些特征。

对于内涵丰富的描述语，Li & Lindsey（2015）将其界定为深层次描述语，即涉指任务宏观特征的表述，这些描述语用词抽象、表意模糊、内涵难以量化。Rust et al.（2003）的研究将其称为"不可见的"（invisible）描述语，如本章量表2.2第六级的"适当调整""整理整理源语信息的逻辑层次"等表述，它与"可见的"（visible）描述语，如写作指标中的拼写准确、参考文献格式规范等维度相对。Rust et al.（2003）进一步指出，不管是在自评还是互评中，学习者对不可见描述语都有强烈的抵触情绪（deep reluctance），即使他们使用了个别深层次描述语来判定具体级别和分数，也显得非常的勉强和不够自信，既担心对方不接受，也害怕自己会露怯。Li & Lindsey（2015）则发现，学生往往不能真正理解和判断深层次的、抽象的描述语，只是用另一个模糊的、模棱两可的描述语去解释，甚至会给出与真实意义完全相反的解读。本章研究也从侧面证实，较低水平的学生在接触如"逻辑层次"等六级的深层次策略描述语时，不会使用，也不敢使用，因此自评文本中此类策略所占的频次和比例也较低。

总之，通过对三组学生的量表文本的整体和分级别对比，本研究发现，学生水平能够影响其量表使用特征，造成种种组间差异。为了了解此种差异性是否能得到其他维度的证据支持，本研究将继续探究量表使用的时间特征。

2.3.2.2 时间特征分组对比

图 2.1 展示了三校学生量表时间特征的总体情况。

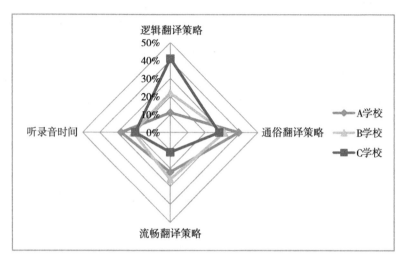

图 2.1　量表使用的时间特征分组比较

由图 2.1 可知，在时间分配上，A 学校学生在通俗翻译策略方面花费的时间最多，其次是听录音时间。B 学校和 C 学校的学生在这两个领域的分配时间相对较少。此外，C 学校的学生在逻辑翻译策略方面花费的时间最多，听录音的时间相对较少。

本文的时间维度特征和量表文本特征结果互相支持和补充：首先，A 学校和 B 学校学生在通俗翻译策略上花费了更多的时间，进一步证实了这一策略更容易受到初级英语学习者的关注。其次，C 学校学生对逻辑策略的使用频次虽然不算高，但在逻辑策略上花费的时间远远高于在其他策略上所花费的时间，这表明，逻辑翻译策略需要学习者花费大量的时间进行思考和评量。在有限的几次逻辑策略的窗口停留时间内，C 学校的学生投入了大量的评估精力，这也印证了表 2.5 中 C 学校学生量表文本较长的结果。第三，听取录音比例 C 学校最少，这也进一步证实，C 学校学生的能力相对较高，学生无须频繁听取自己录音，就能更迅速地发现和诊断自身的问题，作出更准确的判断和更深入的分析。

为了辅助说明上述宏观层面的数据分析，下文将列举两名 C 学校学生的自评详细数据（包括时间维度特征和量表文本特征）予以说明。

2.3.2.2.1 C 学校学生 S1 的质性数据

C 学校学生 S1，女，专四成绩在 21 人中最低（75 分），本研究中该生的自评文本及对应的生成时间如下表所示：

表 2.7　学生 S1 自评过程

序号	时间	窗口	自评文本
1	0 分 30 秒	窗口 1	加了连接词 so，明示逻辑。
2	3 分 0 秒	窗口 1	这几个长句，我用了一些分词介词，算是把层次整理得清楚一点。
3	3 分 30 秒	窗口 2	家长至上，我没有直译，通俗翻译，第六级。
4	4 分 0 秒	窗口 1	加了个 consequently，明示。
5	4 分 30 秒	窗口 3	有一个停顿，使用 tend to，给自己思考时间，调整流畅。
6	6 分 30 秒	窗口 2	核心家庭，我没有想到 nuclear，用的 three-member，通俗翻译。
7	7 分 0 秒	窗口 1	加了个 so。
8*	7 分 30 秒	窗口 2	留守儿童没有译出来。
9	8 分 30 秒	窗口 1	家庭的破裂，我直接说单亲家庭，这样层次更清楚，前后一致。
10	10 分 0 秒	窗口 3	最后一句我没有译精神，因为译出来就啰唆，也不流畅。

由上表可见，学生 S1 的自评过程约 10 分钟，中间有 10 次切换到不同窗口（策略）并输入自评文本。需要特别指出的是，在第 8 次切换时，该学生在窗口 2（通俗策略）一栏写下了自评评语，认为虽然自己当时意识到了需要执行通俗策略，但当时没有成功（"留守儿童没有译出来"），因此，这并不能视为策略使用。译员因为理解错误或

者目的语能力不够而犯下的翻译错误，也不能算作策略。因此，学生 S1 的自评总次数最后统计为 9 次（除掉了第 8 次的自评行为）。

从该同学 9 次的自评记录来看，使用逻辑策略的次数最多（5 次），其次是通俗策略（2 次）和流畅策略（2 次），这一特征再次印证了上文中 C 学校的策略使用特点，即高水平组学生逻辑策略的使用次数和自评次数高于其他两类策略的使用次数。从级别来看，五级逻辑策略中，"增加连接词以明示策略"这一描述语得到了集中使用（3 次）。这似乎说明，若策略描述语的内容停留在词语层面，学生在辨识时会更敏感，更有信心识别和使用这一策略，学生在词语层面的策略使用特征也符合其他学者（如 Su，2019a）在口译评估研究对中学生在微观与宏观层面使用特征的考察结果。

从自评文本的时间轴来看，该学生窗口切换的时间分布大致均匀，即没有长时间停留在某一窗口（如长时间听录音，或长时间输入某个策略的评语），译文前半段和后半段的时间分配也大致相当。这也进一步表明，该学生总体上能合理分配时间，均衡关注篇章的前后段落，具有较高的自评意识和自评能力。

2.3.2.2.2 C 学校学生 S3 的自评数据

C 学校学生 S3，女，专四成绩在 21 人中最高（84 分），本研究中该生的自评文本及对应的生成时间如下表所示：

表 2.8　学生 S3 自评过程

序号	时间	窗口	自评文本
1	2 分 0 秒	窗口 1	加了一个 as，这样比较顺，逻辑清楚一点。
2	2 分 30 秒	窗口 3	前面几句，之前是重点准备，所以流畅度能维持得好。
3	3 分 30 秒	窗口 1	这几个长句层次比较复杂，我省略合并了一些内容，先把最重要的逻辑拎出来，这种整理我比较满意。

（待续）

（续表）

序号	时间	窗口	自评文本
4	4分0秒	窗口1	"不过"这个连接词，我觉得不合适，因为逻辑层次是递进的，所以我换成 further。
5	5分0秒	窗口2	"自私任性"一时间没想起来，用了一个比较模糊的上义词，这算通俗策略吗？
6	6分0秒	窗口1	这几句逻辑层次比较绕，我只能是做得一般。
7	7分0秒	窗口2	留守儿童，通俗翻译成 children of migrant workers。
8*	8分0秒	窗口2	后几句又开始绕了，我还是突出重点来翻译。

与同一组的学生 S1 相比，学生 S3 具备了高水平组学生的一些普遍特征，例如更关注逻辑策略，例句内容更丰富复杂，所使用的策略能比较均衡地分布在篇章的前后段落等。

不过，较之学生 S1 的自评文本，学生 S3 的自评文本在内容和时间的选择上有了新的特点。首先，学生 S3 的自评启动时间更晚，在第 2 分钟才开始第一次转换窗口，说明她首先听了较长的段落才开始评价，且输入后马上转换到窗口 3 继续自评，这似乎表明该同学一次处理的篇章单位较长，在自评时能从大处着眼，运用更大的工作记忆容量处理更多的自评内容。

其次，学生 S3 的自评文本并未严格使用量表原文的字词，而是在层次和细节上做了个人的阐释，进行拓展，这展现了自评能力评价的另一个维度和视野，即是否能以个性化的语言和个人经历，对量表的术语进行演绎和阐释。

综上，与前人的研究（如 Bartłomiejczyk，2007）相比，本文指出，学生自评过程与量表设计、量表使用者背景密切相关：一旦量表的指标涉及到逻辑翻译等语篇深层次特征，学生的自评就显得吃力，具体表现为这些指标的使用频次更少，耗费的时间更长。此外，量表使用者的语言水平越高，对指标的使用也越均衡，学生可以把听取录音的时间减少，腾出更多精力来关注量表指标本身，产出更全面、更深入的评估意见。

2.4 结论和教学建议

本研究对比了三组学生基于量表的口译评估的异同，有如下发现：

就各个指标之间的对比而言，与流畅的策略标准相比，逻辑策略指标和通俗策略指标似乎更能区分不同评估能力组的学生，是区分或追踪学生口译评估能力层级的重要维度。

就各个组别而言，与高水平组学生（C 学校）相比，英语水平较低组的学生（A 学校、B 学校）更关注通俗翻译策略、流畅翻译策略等译语表层特征，在评估过程中会更频繁地听自身的录音，花费的时间也更长；高水平组的学生对指标的使用更均衡，评估逻辑翻译策略等译语深层次特征的能力也更强，且无须频繁打断和听自身录音。

本研究给量表培训带来两点直接启示：1）篇章逻辑性等深层次特征需要更清晰、更丰富的指标描述，因此在量表培训时，教师要关注这一指标的评估困难，以更多的例句、更细致的指导帮助学生克服自评困难；2）学生在评估时如果过于侧重某一个量表指标而忽略其他指标，教师也要适时进行干预，指导学生认识到口译能力是一个层次丰富的多维综合体，口译评估和口译实践一样，也需要学生合理分配注意力，关注口译的不同维度，生成更加立体、完整的口译评估意见。

本研究给改进量表设计带来如下启示：1）流畅翻译策略的特征不足以成为等级间，尤其是中、高等级间的区分性描述语。因此，在《中国英语能力等级量表》（2018）的口译第七级，类似于"能根据对话主题、讲话人身份和对话场景调整音量语速"等流畅翻译策略的描述语比较容易被多个级别的学习者所认同，导致学习者在同伴评估中不加区分地将评估对象排入五至七级中的任意一级。据此，本研究提出，在中、高等级的描述语中尽量避免流畅性的内容。2）逻辑翻译策略特征有着较强的区分能力，因此各个级别均可纳入这类指标，根据逻辑翻译策略的难度层次将其依次排入不同等级，作为自评或互评的可靠指标。

　　本研究中视频录制这一研究方法对口译教学也有重要启示：与口译实践过程类似，口译评估过程稍纵即逝，如何捕捉和分析这一过程一直是口译教师和研究者关注的焦点（如陈菁、肖晓燕，2014）。本研究提出，使用视频录制软件，能更完整地呈现学生使用量表的评估过程。教师可以应用该软件考察学生的评估困难，学生也可以应用该软件记录自己的评估能力特征和发展轨迹，丰富自己的学习日志材料来源，通过纵向比较多个时间点的自评特征形成自己的评估记录，从而发展为真正的独立学习者，实现"为学习而自评"（Su，2020b：180）的自我评价目标。

第三章
基于量表的口译同伴评估与反馈

本章要点：

· 梳理量表助学功能相关研究的不同视角，给出量表培训的两条路径：讲授型和实操型。

· 本章主要研究手段是介绍会话分析和访谈的质性研究，进而提出本章的研究问题，即讲授型和实操型两种培训路径的差异是什么。

· 研究发现，整体而言，两种培训方式都能明显提高同伴评估和反馈质量，但相较于量表讲授型的培训方式，量表实操型培训方式的效果更明显，同伴讨论的话语功能类型更丰富，话轮更持久，涉及的指标和主题更多元，体现了评估者初步的量表应用能力和整体思维特征。

3.1 文献回顾

3.1.1 同伴评估

同伴互评指学习者对同伴学习成果的数量、水平、价值、质量等方面进行评价的活动（Topping et al., 2000）。口译同伴评估的目标是使学习者互相监督口译相关任务的情况并予以反馈，促进口译学习者的进步，使其口译质量得以提升。在评估指标确定后，评估主体开始选择适当的评估时间执行评估计划，以生成并提供反馈信息。在这个过程中，如何确定评估主体、评估时间、评估内容、评估形式等要素将直接决定评估目标能否实现。

同伴评估主体是学习同伴，即评估计划的执行者，是生成并提供反馈信息的来源。但不同水平的评估主体，其反馈信息的可接受程度和效果不尽相同。在外语教学领域，有研究者比较了教师、同伴、学生自己等主体在提供反馈信息方面的差别，如杨苗（2006）在英语写作课上比较了教师反馈和同伴反馈。结果发现，在利用同伴反馈修改作文时，学生表现出更高程度的自主学习能力和互动性，因此作者建议，应该重视同伴反馈，帮助学生更有效地提高作文质量。梅晓娟（2006）比较了同伴的反馈情况。她在写作课堂上将学生按英语水平分为优等生、中等生和差等生三组，让他们给作文修改提供反馈意见。研究者比较了不同评估主体的反馈情况后发现，优等生对作文的语言、内容、结构这三方面错误的敏感性均较高，中等生对语言错误的敏感性也较高，但对内容、结构方面的错误不够敏感，而差生对三方面错误的敏感性均比优等生和中等生低。Patri（2002）比较了口语课堂上的教师反馈、同伴反馈和自我反馈这三类反馈的评估主体。结果发现，在评估指标确定的情况下，同伴反馈与教师反馈的结果比较一致，但自我反馈与这两类反馈的差异较大。类似的，口译研究者也发现，高水平学习者在同伴评估时给出的意见更精细全面，也更能引起对方的共鸣（Su，2020b）。综合以上研究，当评估主体是水平较高的同伴时，反馈信息更容易被认可和接纳，反馈效果也更好。

同伴评估时间指评估何时进行和评估要持续多久。确定何时评估也就是确定哪些任务需要被评估，什么时候给予反馈信息。如果同伴评估次数过于频繁，或评估任务过重，会影响互评的积极性，也会耗费较多课堂时间。确定评估时长要考虑整个评估活动所占用的时间长度，以及评估时间在评估和反馈环节上的分配。Pica（1994）发现，在言语交互活动中，过多的修正、澄清、重复会阻碍交流的顺畅性，使语言学习者产生负面体验，因而同伴在提供反馈时应兼顾交流的顺畅。特别是在以意义为核心的交互活动中，需要注意更正性的反馈不宜过多。在口译教学领域，评估和反馈的时间也需要精心设计。学生在完成口译任务的过程中，同伴可以评估并记录其不足，但不要急于打断和给出反馈，而是首先照顾到同伴口译的顺畅性。陈菁、肖晓燕（2014）提出，口译过程中不要轻易打断学生，同伴可以先记录下问题，在最后的时间专门讲评。

同伴评估内容包括两个方面——技能掌握情况和口译产品质量。一堂口译课通常兼有对技能的评估和对口译质量的评估，但是两者的比例随着课程的深入而变化。在课程初始阶段，课堂活动的重点是技能学习，因此，同伴对技能的评估占据主要地位。随着学生口译能力逐渐增强，学生的任务不仅是技能练习，也有口译练习。此时，同伴评估的力度开始朝口译质量倾斜。到课程后期，技能学习渐近尾声，学生基本具备了完整的口译技能，同伴评估更加侧重口译作为产品的质量。

除了确定评估的总体内容，如何组织反馈信息也很重要。反馈信息大致可以分为两类——核查（verification）和细化（elaboration）。核查也称为结果反馈（outcome feedback），即比较同伴所给结果与既定指标，并进行简单判断。核查以外的任何信息都属于细化，尤其是对评估结果的解释和改进建议。在口译反馈中，学生的表现不具备对或错的二分属性，因此，同伴评估时要特别注意反馈信息的构成。无论是作出对或错、好或不好的简单结论，阐述反馈更为重要。具体、详细的反馈对学生的指导意义更大。因此，同伴评估时要特别注意反馈信息的构成。好的反馈必须包含具体的评论和进一步的建议。

同伴评估形式，即执行评估过程并报告反馈结果的具体方式。评估形式可以分为个别（individual-focused）评估和集体（group-focused）评估两类，即针对某一个体的个别评估或者是无具体指向的集体评估。前者如同口译示范环节，由某个学生单独接受所有同伴的评估。后者如同某个同学针对小组全体成员整体表现的评估。在个别评估中，学生预期到自己的表现将会被点评，因此任务执行时动机更强，精力更集中，在任务完成后有明的期望，这些都是口译评估的积极因素。消极因素在于由于学生预计到仅有自己的表现被评估，可能会有沉重的思想压力，从而影响自己的口译表现。在集体评估时，一位同学要对集体进行评估和反馈，学生可能会混淆该反馈信息是针对自己、他人还是整个集体，不像个体评估有明确的指向性，反馈效力会减弱。

此外，根据评估发生的场合，同伴评估形式可以再分为课堂评估和课外评估。课堂评估的优点在于能实时收集和反馈同伴的口译表现，对同伴口译的进步状况进行更及时的了解。此外，课堂评估的时间和地点固定，与教学结合更明显。与课堂评估相比，课外评估的时间和空间相对灵活。评估既可以在口译课教室进行，也可以根据情况选择其他没有口译教学设备的普通教室，还可以通过网络进行虚拟的远程评估，形式包括录音录像、网络评估平台、学习日志、学习档案库、虚拟社区等多种，这使得同伴评估具有较强的机动性。此外，课外评估的反馈方式除了口头反馈以外，还包括书面反馈、网络在线实时反馈等，在帮助学生提高自我评估能力和沟通能力的同时，注重学生在认知和情感特征上的差异性，减少了学生的学习焦虑，保证了反馈的效果。不过，课外评估也有自身的不足。多项研究表明（如 Min，2016；Su，2020b），学生课外练习的参与度和效率均不理想，缺少必要的评估工具，这对于评估口译效果而言是一个较大的挑战。

3.1.2 量表与量表培训

在提升同伴评估效果方面，量表是一个被证明行之有效的工具（Glover，2011；Kissling & O'Donnell，2015；刘建达，2017）。不过，学生在使用量表的过程中面临的困难有：描述语特征和级别边界的判定（Berg，1999；Liou & Peng，2009）、基于量表的同伴沟通和同伴讨论（Stanley，1992；Zhu，1995）、对各组成部分的结果综合和整理（Min，2016；Zhu，1995）等。相较其他语言任务，由于口译任务的时间压力大、关注层面多、比较对象丰富，学生使用口译量表的困难更加艰巨，因此设计和开发出基于量表的培训方案更加迫切（Bartłomiejczyk，2007；Su，2019a）。

　　中国学生同伴评估的量表使用面临包括历史传统、现实条件、理论体系等在内的多方面困难：历史上中国的考试传统是注重常模参照型考试，对基于量表的标准参照型考试关注较少（刘建达，2015）；现实条件下，能辅助学生同伴评估的硬件条件不够完善，描述产出特征的量表多，而指导能力发展的量表少；理论方面，以外语教学理论为例，同伴评估面临量表多元、理论多类、学科多门的复杂局面，这种跨学科多理论的评估体系很难对我国大学生的外语技能学习提供前瞻性指导（秦利民 & Zhang，2017）。

　　目前，学界对同伴评估与同伴评估反馈主要集中在量表的工具性功能，视其为评估的语言水平观测指标，对量表助学促学功能的研究较少，仅有的促学研究只是给出经验性描述，跟踪性的实证研究相对较少。此外，学习者与量表的交互研究不够深入，研究较少考察学习者的背景（动机、语言水平）与量表的各个要素（指标、描述语、级别）之间的互动关系，也很少涉及口译这类听说结合的综合性语言任务。事实上，如果没有按照学习者的需要来培训量表的使用情况，量表的价值就无法得到充分体现（张洁、赵亮，2017；张晓艺，2017）。

　　针对同伴评估与反馈的量表培训一般因循以下两种路径：第一类是讲授型（lecture-based），即教师通过理论讲解和例证示范，指导学生识记量表内容，展开量表评估。Freeman（1995）的口语课堂即采取此种路径，通过讲解和播放两类学生的样本视频（最优表现和最差表现），指导学生辨识典型特征。Patri（2002）通过理论讲解、个人示范、学生问答等方式，指导中国学生如何使用量表评估英语口语。第二类是实操型（practice-based），学生在实际任务中操作量表，教师提供必要的指导和反馈。与第一类途径相比，实操型量表培训路径下的学生自主性更强，教师反馈的个性化特征更突出（Min，2016）。Glover（2011）在土耳其学生英语口语课堂上就采取了此类路径。通过不断的试错、纠正、总结，学生不仅提高了对量表的实操能力，也更加明确地培养了自己独有的学习习惯，掌握了语言特征。综合而言，两种路径在促学方面各有特点，但口译课堂采取何种培训路径，量表培训有何促学效果，目前尚不明确。本章据此提出以下研究问题：

1）口译量表的两种培训路径在促学作用上有何差异？

2）哪些因素能促进或制约量表的促学作用？

本章将以某综合性大学本科生口译课堂为个案，详细比较两种量表的培训路径，汇报和分析量表培训对学生口译学习和评估能力的影响。

3.2 口译量表培训—个案研究

3.2.1 案例背景

本案例取自某综合性大学 2017 至 2018 学年短学期"口译评估"选修课程。该课程面向该校本科英语专业三年级学生开设，历时五周。选课学生共 42 人，分为两个平行班，每个班的人数分别为 20 人（1班）和 22 人（2班）。班上学生均是以汉语为母语的中国籍学生，年龄为 21 至 22 岁。根据开课前学生的英语专业四级考试成绩，该群体的分数分布为 76 至 88 分之间，因此可以将这群学生视为英语水平相当的口译中级学习者。

3.2.2 量表

本量表是《中国英语能力等级量表》（2018）口译策略子量表。根据 Jin et al.（2017）介绍，《中国英语能力等级量表》能促进中国英语学习者在英语听、说、读、写、译等方面的自我评估和同伴评估。就口译策略子量表而言，针对本次研究的本科生群体（量表级别对应为第六级）的口译策略包括规划、执行和评估补救三部分。由于本研究立足课堂的口译任务执行和评估，暂不考虑课前的口译准备和规划。此外，口译量表原文有一条描述语是"能评估译语产出是否流畅"，由于本研究的目标是对同伴评估中可观察的行为特征进行比较，因此将这一描述语调整为更容易观察的描述语，即能调整译语产出的流畅情况。如表 3.1 所示：

表 3.1 口译策略量表

口译策略	指标	得分（指标完成数）
口译策略（执行）	1.1 能整理源语信息的逻辑层次。 1.2 能用通俗的语言即时解释暂时无法找到"对等翻译"的源语词句。 1.3 能根据现场情况调整音量语速。	0/1/2/3/
口译策略（评估/补救）	2.1 能调整译语产出的流畅情况。 2.2 能纠正理解有误的句子。 2.3 能重译理解有误的句子。	0/1/2/3/

由于《中国英语能力等级量表》（2018）以"能做"为描述语主干，因此各评估指标均是对各领域合格表现的正面描述（Jin et al., 2017）。本量表参照 Lee（2015）的口译课堂研究，将得分一栏设置为 0 至 3 四个选项，学生依据指标一栏出现的指标个数给分。例如，某学生口译过程中，口译执行策略完成了两个指标，口译评估补救策略完成了三个指标，同伴在评估该生口译策略时，分别给出 2 分和 3 分。

3.2.3 量表培训

"口译评估"是一门选修课程，为期五周，每个班每周的上课时长为两个课时（90 分钟），其课程结构为：

第一周：课程介绍，进行第一次口译同伴评估。

第二周：量表培训模块一（口译执行策略）。

第三周：量表培训模块二（口译评估补救策略）。

第四周：量表培训模块三（口译执行策略与口译评估补救策略的对比）。

第五周：进行第二次口译同伴评估，课程总结。

在第一周的口译同伴评估活动中，教师播放中文音频，学生进行口译。口译完成后，学生组成两人小组，听第一周的口译材料（见附录二）并互相反馈，教师将对这一反馈过程全程录音。第五周的同伴评估活动流程与之相同，录音材料除主题不同外，语速、长度等指标的难度与第一周的难度基本一致。

第二至四周，针对两个平行班，研究者（即任课教师）基于前人的同伴评估研究（Min，2016）分别采取了两种量表培训路径，即讲授型（1班）和实操型（2班）。

讲授型课程分为两部分，即教师讲授（60分钟）和学生练习（30分钟）。以第二周口译执行策略模块为例，教师首先逐一解释各个描述语指标的内涵和理论基础，引导学生在评估过程中关注各指标的关键词，并以口译样本为示范基础，指导学生寻找和判定该关键词的具体特征。以第一周口译材料为例（见附录二）。第一步，教师解释指标"能整理源语信息的逻辑层次"的内涵，列举常见的逻辑层次类型（时间、因果、条件等）、不同语体对应的逻辑结构。第二步，教师引导学生重点关注指标词"整理"在同伴评估中的应用困难，借鉴听力研究（如Jung，2003）和阅读研究（如 Van Silfhout et al.，2014）相关文献的研究结果，阐释其理论依据，并补充课外理论阅读材料。第三步，教师播放原句（如"我在写这本书时有一个很强烈的感受，就是来源于我刚刚参加工作时候的一个经历"）及口译样本（如 I drew some inspiration from my very early work experiences）。教师指出该样本的逻辑关系处理方式（如以动词短语 drew inspiration from 连接前后两句），解释英语常见的逻辑连接方式，提醒学生对译文动词的关注，对指标关键词的灵活运用。此外，教师也对比其他显性的逻辑整理方式（because 等显性连接词）等。第四步，教师讲解完全部指标后，播放一份口译原文，让学生口译，然后播放一份翻译样本，学生两人一组，针对该样本展开评估和讨论。

实操型课程也包括两个部分，即学生练习（60分钟）和教师讲解（30分钟）。

第一步，学生口译，然后统一听二至三份翻译样本，并针对样本进行讨论交流，写下量表使用过程中存在的困难。第二步，每四至五对学生组成一个大组进行交流，同时由一名大组代表记录下组员们共同的困难和感受。第三步，大组代表轮流登台作全班展示，汇报量表的使用情况和使用感受（如图3.1）。第四步，教师就共同的问题给出分析和建议，引导学生作课外的理论阅读。

图 3.1　量表讨论分组展示

总的来说，两种量表培训活动的对比如下（见表 3.2）：

表 3.2　量表培训两种活动对比

	讲授型（1 班）	实操型（2 班）
活动内容	教师详细讲解量表中每个描述语的内涵，配合大量样本进行教师示范和评析，最后组织学生完成一次评估练习。	教师组织学生进行评估练习，学生针对不同样本进行评估和讨论、分组汇报。练习之后教师完成一次集中讲解。
活动时间	教师讲授（60 分钟） + 学生练习（30 分钟）	学生练习（60 分钟） + 教师讲解（30 分钟）
活动重点	教师输入内容丰富（理论讲解、示范练习、多样本讲解） （如 Min，2016）	学生输出活动丰富（多样本评估和讨论、分组汇报） （如 Wain & Lapkin，1995）

3.2.4 数据收集和整理

本研究为质性研究，数据来源主要为课堂观察笔记、对话语料、课堂材料、学生访谈等质性材料，数据分析采取三角验证法（triangulation）。针对第一个研究问题，本研究采集了两次（第一周和第五周）同伴评估的反馈录音，将其转写成文本并分析其对话功能（分析框架见表 3.3）。为了验证对话功能分析的结果，本研究参照了第二至第四周的课堂观察笔记和小组展示报告记录。针对第二个研究问题，本研究在 1 班和 2 班各随机挑选三名学生作了深度访谈。访谈问题为"你觉得课堂所用的量表对你的同伴评估活动是否有帮助""有哪些因素促进或制约了量表作用的发挥"。每名学生的访谈时间为 15 至 20 分钟，转写字数为 1200 至 2800 字。研究者使用 NVIVO 软件对访谈语料进行三级编码，初步确定了三类影响因素。为了验证访谈的分析结果，本研究还收集了两次评估中学生使用的量表，分析和记录了学生在量表上的标记结果。

3.2.5 评估活动分析框架：会话分析

针对同伴评估和反馈的录音语料，本研究采取了话语分析的结构功能分析框架（Wingate，2019）。该框架将话语分为话轮（speech turn）和话题单元（episode）。同伴反馈时，一方发起对话请求，对方作出应答，双方即各完成一个话轮。围绕第一个初始话轮，双方就同一话题不断深入讨论，来往话轮不断增加，同一话题下的所有语轮总和即构成一个话题单元。其中，各个话轮的功能可以是发起（initiate）、赞同（approve）、提问（question）、建议（suggest）、补充（complement）等。本研究将同伴评估和反馈的语料划分为若干话题单元，表 3.3 举例说明了两个话题单元的话轮结构功能。

表 3.3　话题单元下各话轮结构功能举例

第五周/同伴小组 1（1 班）/话题单元 1：评估源语信息的逻辑层次整理	
话轮	功能
1. 同学 A：那我们先看看第一个吧，逻辑层次……整理，对吗？	发起
2. 同学 B：嗯，你觉得，那个，老师讲的逻辑词，你听到了吗？	提问
3. 同学 A：好像有几个，if，等等，我听到了，还可以。	回答
4. 同学 B：嗯，对，这个指标是可以。	赞同

（待续）

（续表）

第五周 / 同伴小组 1（2 班）/ 话题单元 1：评估源语信息的逻辑层次整理	
话轮	功能
1. 同学 A：第一个是逻辑整理吧？	发起
2. 同学 B：对，逻辑整理，我记了一下，你呢？	提问
3. 同学 A：有些地方不够确定。	回答
4. 同学 B：比如？	提问
5. 同学 A：段与段的逻辑比较难，比如最后一段。	回答
6. 同学 B：还要注意时态，上次就是时态。	建议
7. 同学 A：对，时态的逻辑不太好，应该是过去时吧？	赞同
8. 同学 B：我也觉得，这个指标，反正，不能算。	赞同
9. 同学 A：是。	赞同

　　表 3.3 显示，第五周在针对同样样本的评估和反馈中，1 班 1 组的话轮相对较少，功能较为单一，2 班 1 组的话轮更多，功能更丰富。Wingate（2019）的分析框架提出，同伴评估和反馈的话轮数量和功能种类是判断评估活动参与度（engagement）与讨论深入度（depth of discussion）的重要指标，也是考察同伴反馈促学效果的重要依据。本研究将在下一节详细比较这两组的话轮功能分析结果。

3.3 结果与讨论

3.3.1 结构与功能

　　整体而言，在第一周的同伴评估和反馈中，1 班的 10 个小组共产出话轮 476 轮，平均每组 47.6 轮。2 班的 11 个小组共产出话轮 493 轮，平均每组 44.8 轮。在第五周的同伴评估和反馈中，1 班的每组话轮平均值上升到 61.0 轮，而 2 班的话轮平均值上升更为显著，增至

72.1 轮。这似乎表明两种培训方式都明显提高了同伴评估和反馈的质量。从话轮的结构（绝对数量）而言，2 班的提高程度更大，讨论也更加持久和深入。

从反馈话语的结构和功能而言，第一周 1 班的话轮功能主要集中在赞同（55%）和提问（21%），2 班的功能也集中在赞同（51%）和提问（22%），即在所有话轮中，大部分话轮均是附和对方提出的反馈意见。在第五周，1 班讨论话语的赞同功能（49%）仍然比较集中，但 2 班的功能种类开始丰富，除了赞同（32%），还有建议（25%）和提问（24%）。这一结果对比表明，经过为期三周不同方式的培训，2 班的同伴评估和反馈似乎更加深入，双方就某一量表指标能展开更频繁、深入的讨论。

3.3.2 功能与内容

为了进一步廓清同伴讨论话语的功能与讨论内容的对应关系，本研究将折线图（表示话语功能的相对比率）和气泡图（表示话语内容的相对比率）整合到一张坐标图，如图 3.2 和图 3.3 所示：

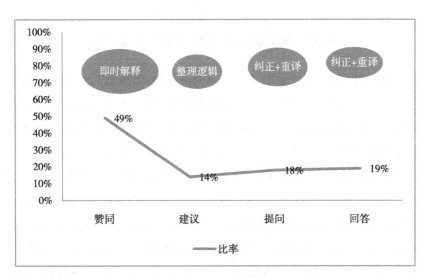

图 3.2　第五周 1 班讨论话语的功能与讨论内容

图 3.2 表明，1 班学生讨论的话语仍然集中于赞同功能，该功能

下讨论的内容为量表指标 1.2，即"能用通俗的语言，即时解释暂时无法找到'对等翻译'的源语词句"（见表 3.1）。这一内容的气泡面积明显大于其他内容气泡，这表示讨论话语更多集中于这一量表指标，且一方提出的意见更容易使对方接受，双方在使用这一量表指标时分歧较小。

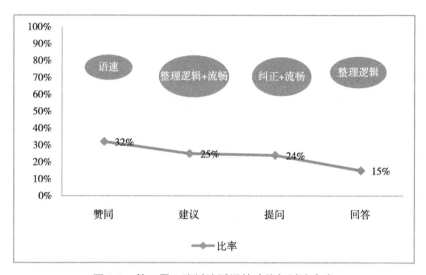

图 3.3　第五周 2 班讨论话语的功能与讨论内容

相较而言，图 3.3 表明 2 班学生讨论话语的功能在类别上更丰富，且气泡内容的大小说明，在展开建议和提问时，2 班学生更多地讨论了指标 1.1（能整理源语信息的逻辑层次）和指标 2.1（能调整译语产出的流畅情况），或者指标 2.1 与指标 2.2（能纠正理解有误的句子）（见表 3.1）。以上结果表明：1）2 班学生不是仅仅讨论单个指标，而是将不同指标进行对比后共同讨论。2）由于讨论内容涉及到更多的指标以及指标之间的比较，反过来促进了讨论功能的丰富度和讨论层次的深入度，因而同伴间不断的互相提问和互相建议客观上拓展了同伴评估的视野，延长了话轮的时间。这似乎说明，经过第二种量表培训的学生，在讨论的层次和讨论内容上较接受第一种培训的学生讨论的层次和内容更加丰富和深入。类似研究（如 Boyd & Markarian，2015）

也表明，与赞同功能下的交流相比，建议和提问等对话型交流更加开放，同伴间可以发挥更大的脚手架作用，促学效果更明显。

3.3.3 课堂话语与课后访谈

上述分析结果表明，第二种量表培训似乎更能促进同伴评估和反馈的效果，这种促进作用是如何形成的？受哪些因素的影响？本节将结合访谈数据和话语数据展开具体说明。

3.3.3.1 量表描述语的特征

访谈数据中最能集中反映的一个影响因素是量表描述语的特征，综合性的、分析性的描述语（如整理、逻辑层次）会制约和影响评估与反馈，而直观性的、反映语言表层特征的描述语（如流畅、自我纠正）更容易评估与反馈，如以下几条访谈记录。

"那个逻辑层次，那个比较难，虽然老师有讲过，但是，有些隐性的逻辑，不太，不太那个。"（1班，学生C）

"怎么才算是整理好了逻辑呢？还有层次，译文有时候也没有明确说一二三四，这就比较不好判断。"（2班，学生E）

"语速最好判断了，不像逻辑，更高层次一点。"（2班，学生F）

为了更深入地分析访谈结果，本研究将上述访谈对象（2班学生E和学生F）第五周的话轮片段列出（见表3.4）：

表 3.4　学生 E/F 评估与反馈片段

话轮	内容	功能
14	同学E：你觉得最后一句怎么样？	提问
15	同学F：从表述上来说，不太，不太流畅，但是……	回答
16	同学E：但是，内容好像很有逻辑。	补充
17	同学F：对。	赞同
18	同学E：那，怎么算这个？我其实，很喜欢他的and even，其实可以给他逻辑层次。	建议

（待续）

（续表）

话轮	内容	功能
19	同学 F：逻辑层次，嗯，这个算什么层次？	提问
20	同学 E：递进吗？他算是整理吗？	提问
21	同学 F：不好判断，要不先算上吧。	建议
22	同学 E：好吧。	赞同

上述片段表明，在对量表语言"逻辑层次"和"整理"的理解和应用上，双方出现困难，多次出现提问类话轮（编号 14、19、20），且涉及量表不同语言之间的对比（"流畅"与"逻辑"）。类似研究也发现，同伴评估时更抽象、综合性的评价指标会带来更大的困难。例如，Su（2019a）对同声传译的同伴评估研究发现，学生能较容易地产出大量关于停顿、省略指标的评语，但产出有关语篇衔接、逻辑连贯等宏观标准的评语比较困难。本研究再次说明，学生或许需要对语篇层面的宏观类标准（逻辑层次的整理）进行更长期更集中的量表练习，才能真正将其理解和内化。

3.3.3.2 同伴练习的数量与质量

访谈数据另一个反复提到的主题是同伴练习的数量和质量，如以下记录所示：

"教师的讲解确实，确实是比较翔实的，但对于我们来说，听得懂是一回事，会操作是另一回事，量表用起来，怎么说呢，有点像开车，教练教得再多，练的太少，开车也手忙脚乱。"（1 班，学生 B）

"虽然练习的样本比较多，但还是感觉有些标准拿捏的不够到位吧，我们自己的口译经验也不多，很难迅速抓到那个点。"（1 班，学生 G）

"我老是觉得样本听一遍，就让我们反馈，有点太难，我们都记不下来呢，还是不够熟练。"（2 班，学生 C）

"我觉得大组汇报很好，我上台过一次，因为要上台，就会逼着

你理一下思路：到底按照什么顺序来讲，来反馈？这样自己头脑过一遍，对量表的理解就更加深刻。"（2 班，学生 G）

绝大部分同学反映，三周的量表练习尚不足以让他们熟练掌握和运用量表开展同伴评估和反馈。也有同学（如 2 班学生 C）反映，只听一遍录音难以记住译文的突出特征。学生对这种评估技能掌握得不够熟练，原因有两点：1）对量表的使用属于程序性知识（Panadero & Jonsson，2013）。靠教师的讲解无法替代学生本身大量的练习，如 1 班学生 B 所说，量表技能如同开车，教练教得再多，练的太少，开车也手忙脚乱。2）口译评估能力与口译能力密切相关（Setton & Dawrant，2016）。如果自身没有丰富的口译实践和口译感悟，那么在评估同伴录音时就不容易抓住量表指标对应的突出特征。Li & Lorenzo-Dus（2014）的研究也发现，英语学习者在评估同伴的写作质量时，不能迅速准确地建立量表与目标特征之间的对应关系，这表明其程序知识不够完善。

不过，相比 1 班，2 班的练习活动更丰富，这似乎能在一定程度上促进 2 班学生量表技能的发展。如 2 班学生 G 所述，分组上台汇报的练习方式可以让自己先过一遍，对量表的理解就更加深刻。这也表明，相较于输入性培训，强迫性输出（pushed output）的训练方式对量表技能的锻炼效果更大（如 Swain & Lapkin，1995）。这一结果尤其适用于自学能力比较突出、学习动机较强的中高级学习者。他们可以通过练习不断进行自我反思，通过教师进行适时总结和提醒，更好的发挥量表的促学效果。

需要指出的是，早期的量表文献过多关注学生是否达到某项指标，将学生的习作和教师的反馈异化为无意义的练习（Wilson，2007：63），从而忽视了量表在学生社交、情感、认知等维度上的重要功能，如 2 班学生 G 所说：

学生 G：如果你是要把文字写出来，其实你是要需要真的有思考。因为你要组织语言的时候，其实你就是在审视自己。

正如学生 G 所言，自我评估时如果尝试在描述语的基础上增加自己的思考，就是在利用量表这个通道开展自我对话，审视自己。这种元认知活动突破了语言测量的窠臼，有效地拓展了量表在认知和情感上的功能。量表进入课堂后的一个重要属性就是认知和情感。一般而言，"差生"被认为处于学业等级的低位，并连带性地在其他一些方面也成了低位者。但某一方面的低位并不必然意味着他们在所有方面都处于低位。学生同辈群体中的强与弱、好与差、输与赢并不会一成不变，它们会随着评量取向的不同以及班级事件而发生流变转换或者此消彼长的情况。量表工具的介入与支持不仅可以扩展评价的维度，还可以支持全体学生都参与到评价过程中来（马宁等，2014）。

3.3.3.3 教师干预的时机和手段

访谈数据第三个突出的主题在于教师干预的特征。如以下记录所示：

"教师讲的理论虽然很系统，但总觉得隔着一层，我们没有足够的练习，似乎 get 不到他的点。"（1班，学生A）

"有些标准可以多讲点。比如逻辑层次的整理，最好能多举一些例子，对于示范的环节再多一些，不然这么好的初衷有些浪费。"（1班，学生D）

"老师的讲解是不是可以录下来，放到教学平台上，或者做成文字材料。有时候我们练习的时候又忘记了，可以再看。"（2班，学生A）

"老师讲解后，我们评估时再配上参考译文是不是更好一点，还要配上原文，这样我们可以对照。"（2班，学生J）

教师干预的时机可能会影响学生量表技能的发展。如1班学生A所述，如果未经练习先接触理论，不容易形成对理论要点的感性认识，也不容易将量表应用到实际操作中。此外，教师干预的手段可以更多元，除了现场实时的指点，还可以结合声音材料（教学音频）、纸质材料（讲义、口译文本）讲解。丰富的教学资源一方面能照顾到不同进度的学习群体，另一方面也可以给学生持续性的支持和动力，与量表一起推动学生的自我学习和发展。

3.4 结论和教学建议

本研究对比了两个班两种量表培训方式对同伴评估和反馈的影响。结果发现，整体而言，两种培训方式都能明显提高同伴评估和反馈的质量，但量表实操型培训方式的效果较量表讲授型的效果更为明显。具体而言，量表实操型培训后，同伴讨论的话语功能类型更丰富，话轮更持久，涉及的指标和主题更多元，体现了评估者初步的量表应用能力和整体思维特征。就影响因素而言，丰富的量表练习活动是提高量表实操型培训效果的重要因素，但部分量表语言的宏观性特征、教师干预时机、干预方式的选择也在很大程度上制约了量表培训的效果。

本研究结果对口译量表培训有直接的教学启示。从材料准备上看，教师可以选择更丰富的口译文本和范例，制作不同模态的教学讲义（音频、视频、纸质稿），以满足学生的量表培训需求。从干预时机上看，由于量表技能是一种程序性知识，且与学生自身的口译能力密切相关，因而基于量表的同伴评估活动应在学生接受了一定长度的口译实践后进行（如一个学期）。学生试评后教师再针对试评的问题和困难进行讲解，以确保学生能将抽象的量表语言与具体的评估反馈行为相结合。从练习活动的设计上看，教师要突出强迫输出的教学理念，鼓励学生上台展示其评估和反馈过程，提高学生自我反思和自我监控意识，改善量表培训效果。

此外，本研究结果对口译课堂的组织也有借鉴意义。口译监控一直是口译课堂的重要组成部分（陈菁、肖晓燕，2014），如何在贯彻口译监控理念的同时提高学生的自主学习意识和学习能力，一直是口译教学急需解决的问题。本研究发现，学生在同伴评估和反馈时，量表知识的记忆储备不够完善（教师讲解容易忘记），量表语言的参照对象不够丰富（不同水平的范本较少）。教师一方面要注重对量表语言知识的检查，另一方面要构建材料多样、水平多元的学习者语料库，鼓励学习者参考语料库的丰富样本，在量表语言和口译特征之间建立更准确的联系。

第四章
基于量表的口译课堂双教师合作评估

本章要点：

- 界定双教师合作评估的操作性定义，提出本章的研究目标。
- 确定本章的数据来源主要为文本标识和现场录音等质性材料，数据分析采取三角验证法。
- 本章发现，中外教师能从不同角度给出逻辑调整策略的评估意见，丰富和完善学生的量表知识，拓展量表的应用空间。本章据此提出，教师之间的互补性评估可以帮助学生对不同视角下的逻辑策略特征更加敏感，这将有助于拓宽学生的自我评估维度，进一步提升自主学习能力。

4.1 文献回顾

4.1.1 双教师合作历史

双教师合作是英语母语教师（native English-speaking teachers，简称 NES）和非英语母语教师（Non-native English-speaking teachers，简称 NNS）共同合作教学和评估英语学习者的一种特殊形式（Carless & Walker，2006）。该合作模式的特点有：1）两名教师的母语不同；

2）教师同时出现在课堂，在同一物理空间对同一群体进行教学和评估；3）教师合作既包括课堂上的教评合作，也包括课前的合作备课和课后的合作改卷等（Su，2020a，2021b）；

双教师合作的教学设计始于1970年代，Cook & Friend（1995：2）认为这是一种"两名教师在同一空间内共同教授异质性学生群体"的教学方式。在教学效果方面，双教师产生的协同效应比单一教师的教学效果更好。这些效果包括：为学生提供更多样的反馈和输入（Medgyes，1994）；为学生演示更真实的交际评估场景（Tajino & Tajino，2000）；调动学生的同理心和参与意愿等（Luo，2014）。

在欧洲，双教师合作始于欧洲一体化和多语言政策的发展。自1990年代以来，多语言政策（multilingualism）成为推动欧洲一体化的核心政策之一。1995年，欧洲发布的白皮书《教与学：迈向学习社会》（*Teaching and Learning: Towards the Learning Society*）特别强调教育的2+1政策，即学生掌握1门母语、2门外语。比如，根据Dafouz & Hibler（2013）的调查，西班牙仅在马德里自治区就招募了800多名英语母语教师担任助教，与当地西班牙语母语教师搭档进行双教师合作教学。

在亚洲，双教师合作始于1987年的日本。当时日本政府推出了日本教学交流计划（The Japan Exchange and Teaching Programme，简称JET），每年招募1000至1100名来自英语国家的教师到日本授课，尤其鼓励英美等国家的高校毕业生参与其中，扮演文化大使的角色。这一计划以日本中学课堂为主，外籍教师与当地的日本英语教师合作授课，因此又被称为团队授课模式（team teaching）（Hiratsuka，2016）。

在中国，香港地区的双教师合作起步较早。香港特区政府在1998年经教育局牵头推动了英语母语教师计划（Native-speaking English Teacher Scheme），招募了来自英语国家的教师进入香港中小学教学。由于香港独特的历史社会背景，那里并不缺乏英语环境和英语母语人士，但缺少有经验的英语母语教师。因此该计划的重点是招募有教学经验的外籍教师，帮助本地的英语教师共同开发教学资源，提高教学效果。类似地，中国台湾也开展了类似的以促进教学交流为目的的教师合作计划（Chen，2009）。

中国内地（大陆）的双教师合作模式，无论是实践还是理论均起步较晚，仅有个别高校在近几年汇报了相关研究（如 Li et al.，2019；Su，2019b，2021b）。Li et al.（2019）汇报了某高校农学专业双教师合作授课的案例。在经过 16 小时的双教师课堂记录、观察笔记和教师访谈后，研究者发现，语言教师的语篇分析视角与农学教师学科知识视角的结合相得益彰，可以帮助学生提高学术英语写作和发表能力。类似的，Su（2019b，2021b）也发现，口译课堂的中外教师合作能帮助学生提高中英文两种语言的敏感度，促进跨文化意识和语言转换能力的发展。

4.1.2 双教师合作研究

双教师合作评估是一种可供选择的评估方式（alternative assessment）。与传统的课堂评估方式相比，双教师合作评估不仅分解了评估任务，减轻了教师的评估压力，还能滋生出更有创意的评估方式，培养学生的合作意识，提升学生的专业技能，从而建立学习共同体（Dafouz & Hibler，2013）。双教师合作评估的常用方式为：主导教师（Main Teacher，简称 MT）负责课堂整体设计和教学知识组织，助理教师（Assistant Teacher，简称 AT）配合主导教师参与课堂活动，提供语言协助和评价（尤其是在发音等语言学习方面，可以扮演语言样板的角色）。这种评估方式的常用场景是内容语言融合课程（Content Language Integrated Learning，简称 CLIL），主导教师为本地教师，有扎实的科目知识和教学经验，但需要语言教师作为助理，协同指导和评估学生的外语能力，实现语言和科目知识双达标。

有关双教师合作的研究包括研究对象、研究方法等内容。就研究对象而言，双教师合作评估的应用场景目前集中于写作课堂和口语课堂，现有的研究发现主要包括：英语母语教师评估侧重于句法衔接、交际策略、非语言特征等维度（Gui，2012；Zhang & Elder，2011）。

与之相比，非英语母语教师评估侧重于语法规则、内容组织等维度（Hyland & Anan，2006；Shi，2001）。

从研究方法来看，双教师合作评估的研究以间接性、事后性的研究途径为主，包括对评估者的有提示访谈（Zhang & Elder，2011）、分数和评语分析（Gui，2012）、问卷调查（Chen，2009）。少数研究者使用了课堂观察和录音，通过教师的现场言语行为来概括其评估理据（如 Park，2014）。

综合而言，双教师合作评估的过程差异尚未得到充分的挖掘和讨论，其中一个困难是缺乏研究路径。目前可尝试的路径是，以量表作为外显双教师评估差异的观测窗口，记录和对比英语母语教师与非英语母语教师的量表使用轨迹，进一步揭示母语背景与量表使用、评估过程的互动关系。此外，将汉英口译课堂作为评估场景，可以凸显汉语母语教师与英语母语教师在评估跨语言交际时的评估重点，从而进一步探究语言任务对评估者的影响。本章的研究目标如下：

1）中外教师基于口译量表的评估过程有何差异？

2）中外教师如何协同发展学生的量表评估能力？

基于上述研究目标，本章将汇报两个独立的实证研究。研究一主要描述中外教师口译量表使用的不同方式，研究二主要描述中外教师辅助学生量表评估的不同方式。

4.2 研究一

4.2.1 研究背景

A 学校为少数在中国内地（大陆）开设的由中外教师合作授课的高校之一。自 2008 年起，该学校为英语专业本科生开设"口译语言强化"课程，以提高学生面向口译的语言使用能力，实现从本科口译学习到研究生口译学习的平稳过渡。2018 至 2019 学年，该课程共有三位中方教师和三位外方教师合作授课，教师背景如下表所示：

表 4.1　合作授课中外教师背景介绍

	年龄	教学年限	背景经历
外教 1	40	9	澳大利亚男性，在华居住 5 年，汉语口语和书写流利，为该校校刊担任兼职译审 2 年。
外教 2	52	18	美国男性，在华居住 9 年，其妻子为中国人。汉语口语和书写流利，为该校校刊担任兼职译审 8 年。
外教 3	55	11	加拿大男性，在华居住 12 年，其妻子为中国人。汉语口语和书写流利，为该校校刊担任兼职译审 10 年。
中教 1	38	12	中国男性，英文流利，美国访学一年，担任某口译资格证书考试评审 9 年。
中教 2	39	12	中国女性，英文流利，澳大利亚访学一年，担任某口译资格证书考试评审 9 年。
中教 3	40	14	中国女性，英文流利，美国访学一年，担任某口译资格证书考试评审 12 年。

　　课程第一周，登记选课学生人数为 18 人，学生均为汉语母语的中国籍学生，年龄 21 至 22 岁，英语专业二年级。研究者在本课程初始阶段，向全体学生介绍研究目的和研究过程，征得学生同意后，根据学生上学期的口语课程期末成绩，择优选拔了六名学生，以口译队集训的形式参加本次研究。六名学生期末分数在 91 至 95 之间，因此可将这六名学生视为英语水平相当的中高级英语学习者。

4.2.2 量表

　　本量表是《中国英语能力等级量表》（2018）口译策略子量表。根据 Jin et al.（2017）介绍，《中国英语能力等级量表》能促进中国英语学习者在英语听、说、读、写、译等方面的自我评估和同伴评估。就口译策略子量表而言，针对本科生阶段（对应量表级别为六级）的口译策略包括规划、执行和评估三部分（穆雷等，2020）。需要说明的是，由于本研究立足课堂的口译任务执行和评估，因此暂不考虑课前的口译准备和规则。此外，口译量表原文有一条描述语"能评估译语产出是否流畅"，由于本文的研究目标是对评估中可观察的行为特征进行比较，因此将这一描述语调整为更易观察的表述，即"能调整译语产出流畅情况"。如表 4.2 所示：

表 4.2　口译策略量表

	指标
口译策略（执行）	1.1 能整理源语信息的逻辑层次。 1.2 能用通俗的语言，即时解释暂时无法找到"对等翻译"的源语词句。 1.3 能根据现场情况调整音量语速。
口译策略（评估补救）	2.1 能调整译语产出流畅情况。 2.2 能纠正理解有误的句子。 2.3 能重译理解有误的句子。

《中国英语能力等级量表》（2018）以"能做"为描述语主干，因此各评估指标均是对各领域合格表现的正面描述（Jin et al., 2017）。

4.2.3 评估过程

2018 至 2019 学年春季学期，"口译语言强化"课程第二周，研究者邀请了该课程两位授课教师、另外两名中教（中教 2、中教 3）和两名外教（外教 2、外教 3）共六人参加口译评估。六名教师均为本系授课教师，均有教授口译课程经历，且上学期已经使用过本研究的量表，有相当的量表使用经验。研究开始后，六名学生依次上台，听一段 1 分钟的中文录音，然后将其口头翻译为英语（口译材料见附录三），口译时长约为 1 至 1.5 分钟。台下六名教师边听口译，边在原文纸上做标记。由于中外教师基本能熟练记忆和掌握量表内容，因此不再需要现场查阅纸质量表，只需使用不同颜色的记号笔直接在原文上标识，黑色方框和黑色折线表示执行策略，蓝色表示评估补救策略（如图 4.1 所示）。该名学生结束口译后，六名教师根据标识，依次用英语口头向学生发表评估意见，评估总过程约为 12 至 15 分钟（如表 4.3 所示）。评估过程总时长约为 100 分钟。

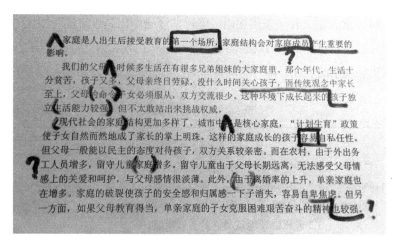

图 4.1　教师评估标识示例

图 4.1 表示，该教师对所听学生的口译做了 15 处标识。经研究者事后确认，标识包括执行策略 5 处（3 处折线为逻辑层次整理，2 处方框为通俗语言解释），评估补救策略 10 处（2 处为纠正，3 处为重译，5 处为流畅调整）。

表 4.3　中外教师评估意见录音转写示例

转写文本	涉及指标
外教 1： I would like to begin by pointing out some of the positive aspects of the piece: I appreciate very much **the way you adjust your volume and speed** from time to time...	1.3 能根据现场情况调整音量语速。
中教 1： One immediate impression I get from your interpretation is that you know how to cope with some difficult words, like ' 留守儿童 '. you managed to **use a simpler phrase** like children of migrant workers, you **didn't get stuck with the term at the surface level**, which is very good...	1.2 能用通俗的语言，即时解释暂时无法找到"对等翻译"的源语词句。

表 4.3 表示，针对同一段译语，外教 1 的话语更关注量表指标 1.3，中教 1 的话语则更关注指标 1.2，相关内容用加粗注明。

4.2.4 数据收集和整理

　　本研究为质性研究，数据来源主要为文本标识和现场录音等质性材料，数据分析采取三角验证法。本研究采集了评估现场的标识记录和教师评估录音。研究者通过与教师确认的方式，明确了各个标记的含义和指标，计算出量表指标的使用频次。根据教师评估意见的录音进行转写，研究者确定了话语涉及的量表指标。

4.2.5 结果与讨论

4.2.5.1 评估标识

　　整体而言，中教的评估标识共 301 处，其中占比最大的为指标 1.1，即能整理源语信息的逻辑层次（109 处，占比 36%），和指标 1.2，即能用通俗的语言，即时解释暂时无法找到的对等翻译的源语词句（91 处，占比 30%）。相对而言，外教的评估标识总数基本相当，共计 293 处，其中占比最大的是指标 1.1，即能整理源语信息的逻辑层次（99 处，占比 34%）和指标 2.1，即能调整译语产出的流畅情况（75 处，占比 26%），如图 4.2 所示：

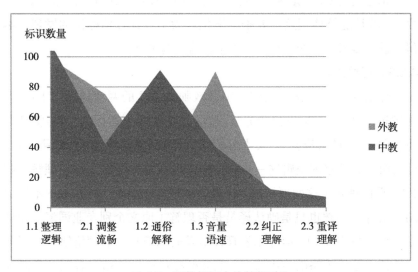

图 4.2　评估标识中外教师对比

　　由图 4.2 可见，中教和外教在逻辑整理上的评估特征接近，均给予了充分的评价，生成了足够的评价标识，这表明学生在翻译时对这两方面的策略使用得最明显，也表明教师对这两个策略最关注，因此最容易捕捉学生的策略使用。类似的，在纠正理解和重译理解这两个领域，两组教师均给出了很少的评价标记，表明这两类策略的使用在评估上很难捕捉，也很难生成足够的评语。按照量表设计者的解释，评估和补救策略指在口译过程中或口译结束后，学习者基于自我评估对已译部分实施的补救策略，包括修正现场错误等（王巍巍等，2018）。本文的上述发现则表明，在汉英口译方向下，学生的困难并不在于汉语理解，而更多在于英语的逻辑整理，因此口译过程中并不常进行理解方面的自我纠正，而是有意识地通过调整语序、增加连接词等方式整理逻辑，中外教师都对这一特征给出了类似的评价。

根据图 4.2，中外教师的不同之处体现在对通俗解释、调整流畅、音量语速方面的关注方面，即中方教师更关注通俗解释策略的使用，会针对通俗解释策略给出更多的评价标识，而外方教师对于调整流畅、音量语速等指标更敏感，因此在这两项指标上生成的评价标识更多，表 4.3 就是能够体现这一差别的案例。为了佐证评估标识的发现，本研究进一步考察了两组教师的评估录音转写文本。

4.2.5.2 评估录音

评估录音转写文本表明，中方教师最关注的两项指标为 1.1（整理逻辑）和 1.2（通俗解释）。外教最关注的两项指标为 1.1（整理逻辑）和 2.1（调整流畅）。文本分析结果和图 4.2 的标识分析结果一致，即两组均关注整理逻辑这一量表指标，均不太关注 2.2（纠正理解）和 2.3（重译理解）这两项指标。录音文本进一步显示，外教基本不提这两项指标，中教也只是确认译员是否理解了原文个别专业词汇（如计划生育，见表 4.4），但并未发现译员及时纠正自己的理解错误，因此无法评点这一策略的使用情况。表 4.4 展示了学生 S3 口译后 6 名教师的现场评估情况。

表 4.4　中外教师评估录音对比

学生 S3 口译后，中外教师轮流发言（加粗部分为涉及指标）	
中教 1： Overall your interpretation is coherent, logical. You **added a few connectives** like 'because', 'nevertheless', to make connections explicit. You even managed to translate 自私任性 into 'only care about themselves', **a good way to simplify the meaning when you didn't find equivalent**. Overall, good performance. （量表指标 1.1、指标 1.2）	外教 1： I would like to begin by pointing out some of the positive aspects of the piece: I appreciate very much **the way you adjust your volume and speed** from time to time. You raised your voice when it seemed low. That's good. You also used phrases like 'in other words', 'that is to say'. I like that. **Listeners feel easier to follow your logic.** There are a couple of pronunciation issues, but that's not our focus today. I will talk to you some other time. （量表指标 1.3、指标 1.1）
中教 2： OK, your translation is generally good. You **didn't get stuck when translating those Chinese terms,** like 计划生育，自私任性. You managed to **keep a smooth, steady pace**, not affected by translation difficulties. This is an important quality. I like that. You used phrases like 'by contrast', 'even', **so you connected your sentences nicely**. Did you know the term 计划生育? Yes? OK, good. （量表指标 1.2、指标 2.1、指标 1.1）	外教 2： Alright, thank you for your work. I should say, your translation is **easy to follow**. You used phrases like 'as we know', which is, er, listener-friendly. **Your voice is good**, loud enough, which is also a sign of confidence. Till the end you seem to slur words a little bit, but your **fluency is generally steady throughout**. （量表指标 1.1、指标 1.3、指标 2.1）

（待续）

（续表）

学生 S3 口译后，中外教师轮流发言（加粗部分为涉及指标）	
中教 3： This piece is not easy for second-year students, but I am glad that you were not deterred by those terms in the article. You managed to **come up with down-to-earth translation**, to let listeners understand, not just feed them with so-called equivalents. The listener awareness is valuable. Of course your interpretation of some terms are not accurate, like 留守儿童，but this could be addressed in the future. （量表指标 1.2）	外教 3： Your translation sounds **logical and fluent**. I like the way you start some of your sentences with phrases like 'as we know', or 'in this sense'. **It's not only about the logic, your pace is also better**, smoother. Also you didn't rush to finish every sentence. This is important. Sometimes a few pauses are highly necessary, and I think you display your mastery today. （量表指标 1.2、指标 2.1）

上述录音文本表明，中方教师对术语翻译更敏感，更关注学生通俗解释策略的使用情况，而外方教师对流畅性和连贯性更敏感，更在意学生是否能控制译语节奏，正确把握停顿，实现最理想的流畅效果。这一发现进一步补充了前人关于中外教师的口语评估研究。文秋芳等（2005）指出，在口语任务中，外方评委对影响意义的形式错误更加敏感，对连贯性更加重视，而中方评委对演讲内容的错误比较敏感。Gui（2012）也发现，外方评委对演讲的可理解性（comprehensibility）更关注，而中方评委对演讲的合理性、逻辑性比较在意。

与前人的发现相比，本研究进一步指出，在汉英口译这一特殊的语言任务中，外方评委依然关注语言的可接受性这一外在维度，希望学生能合理运用流畅等策略，实现服务听众的第一目标，这一趋势和口语评估基本相同。与此相比，中方教师更关注学生克服原文内容制约的能力，即如何摆脱特有术语的束缚，用更通俗浅显的语言传递信息的能力，这一关注视角是从原文内容出发考察学生的语言转换能力，这也是口译教学的一个重要目标。Su（2019a，2019b）指出，中方口译教师视口译为脱离语言外壳，传递意义的过程，因此如何摆脱原文束缚，灵活处理词句，成为教师教学和评估的重点，他们也会以原文为蓝本，按句检查学生的语言转换能力。此外，外方教师在进行口译评估时，更容易从听众的角度去判断译语的可理解度，较少使用原文按句检查，而是评估译语的流畅、连贯等接受效果，因此中外合作教学和评估也可以实现良好的互补。

4.2.6 结论和教学建议

本研究对比了中外两组教师汉英口译评估的异同，结果发现，两组教师均重视学生的逻辑调整策略，均能及时充分地记录学生逻辑调整策略的使用情况，并对此发表评估意见。两组教师均无法有效记录学生纠正理解和重译理解这两项策略，也很难对这两类标准发表评估意见。在差异性方面，中方教师较多关注基于内容的策略使用，关注学生如何摆脱源语束缚，以通俗语言阐释术语。与之相对，外方教师较多关注基于表达的策略使用，关注学生如何恰当地使用连接手段和停顿手段，保持译语的可理解性，提高译语的接受效果。

本研究对量表设计和量表培训有直接启示。量表设计方面，纠正理解策略和重译理解策略在口译过程中较少出现，学生运用较少，不容易为中外教师发现和评估，因此建议将量表调整为与内容和表达相关的、更适用于口译教学和学习的策略指标（如内容简化策略或重复表达策略等）。量表培训方面，由于中外教师擅长和关注的指标略有不同，教师可以设计不同的培训方案，如邀请中方教师观摩和学习外方教师的表达策略评估，或邀请外方教师学习中方教师对内容策略的评估，两组教师互相学习和补充，共同提高量表的使用能力。具体而言，未来的量表培训可以采用评语文本语料和评估活动录像等途径，灵活采用双教师合作评估的模式。

评语文本语料途径是建设中外教师的评语语料库，该语料库可以提取和对比两组教师进行评价时使用的高频词，凸显中外教师对不同策略的不同关注侧面，突出量表策略内容的多样性特征。评估活动的录像途径是录制和播放中外教师的评分过程，重点突出两组教师在现场互动、肢体语言、实时点评等过程性特征中的异同，深刻理解量表策略在评估现场的具体应用。

本研究采用的双教师合作评估模式，对丰富口译评估活动也有重要的借鉴意义。根据本书第三章的结论，基于量表的同伴评估可以帮助学生更好的理解和应用流畅调整和通俗解释等指标，但在理解和应用逻辑调整这一指标上，学生面临较大的困难。本研究发现，中外教师能从不同角度给出逻辑调整策略的评估意见，丰富和完善学生的量表知识，拓展量表的应用空间。此外，通过教师之间的互补性评估，学生对不同视角下的逻辑策略特征会更加敏感，这有助于完善学生的自我评估维度，进一步提升学生的自主学习能力。

4.3 研究二

4.3.1 研究背景

本研究为持续五周的跟踪研究，目的是考察双教师授课模式下学生量表评估能力的变化情况。该课程为 A 学校 2019 年夏季学期"口译语言强化"课程，授课教师 2 名（中教 1 名，外教 1 名），学生 6 名，教师及学生情况如表 4.5 所示：

表 4.5　授课教师和学生情况（均使用化名）

姓名	国籍	年龄	语言水平
Johnson（外教）	澳大利亚	35	英语母语，中国生活 10 年，汉语较熟练。
Song（中教）	中国	40	汉语母语，美国生活 1 年，英语较熟练。
Hui	中国	22	汉语母语，无海外生活经验，英语专四成绩 75 分。
Lun	中国	23	汉语母语，无海外生活经验，英语专四成绩 78 分。
Jie	中国	23	汉语母语，无海外生活经验，英语专四成绩 81 分。
Jun	中国	22	汉语母语，无海外生活经验，英语专四成绩 80 分。
Yang	中国	22	汉语母语，无海外生活经验，英语专四成绩 82 分。
Ling	中国	23	汉语母语，无海外生活经验，英语专四成绩 72 分。

4.3.2 量表

本研究所用量表是《中国英语能力等级量表》（2018）口译策略子量表。根据 Jin et al.（2017）介绍，《中国英语能力等级量表》能促进中国英语学习者在英语听、说、读、写、译等方面的自我评估和同伴评估。就口译策略子量表而言，针对本科阶段（量表级别大致相当于五级和六级）的口译策略包括规划、执行和评估三部分。根据本研究的课堂环境，量表略有调整，减少了规划类别，增加了第七级，旨在囊括少部分水平较高的学习者，并在五级的通俗策略中补充了一条：能使用通俗易懂的语言表述，其他各条描述语保持不变如，如表 4.6 所示：

表 4.6 口译策略量表

策略	指标	例句及分析
逻辑	能用连接词再现或明示源语语句之间逻辑关系（五级）	_____
	能整理源语信息的逻辑层次（六级）	_____
	能使用增补删减等方法明示源语中的模糊指称（七级）	_____
通俗	能使用通俗易懂的语言表述（五级）	_____
	能用通俗的语言，即时解释暂时无法找到"对等翻译"的源语词句（六级）	_____
	能解释难懂的专业术语、缩略词和文化负载词（七级）	_____
流畅	能注意到译语产出流畅情况（五级）	_____
	能适当调整译语产出流畅情况（六级）	_____
	能根据对话主题讲话人身份场景调整音量语速（七级）	_____

4.3.3 研究过程

本研究中的课程为期五周，每周 2 个课时共 90 分钟，研究者对全过程进行录音。这 90 分钟的授课内容包括如下三个部分：

第一部分为量表指标讲解。两名教师就某一项描述语（如流畅策略中的第五级）展开中文和英文的双语阐释，并各自举例说明，目的是让学生了解和熟悉该描述语的适用范围和应用场景。

第二部分为量表应用练习。两名教师在台前扮演不同的角色进行对话（如中外嘉宾会面），学生在教室同传箱进行交替传译。口译结束后，两名教师随机抽取二到三名学生的录音公开播放，其他学生（评估者）基于量表指标进行口头评估，可以归纳也可以演绎（见4.3.4节），教师点评的同时，受评者会记录下所有的意见。

第三部分为量表应用总结。受评者根据同伴意见，分析同伴的量表使用情况，随后两名教师示范量表使用，对课程进行总结。

上述授课模式遵循第三章量表培训的"生评师辅"路径，以学生评估、学生总结为主，教师指导为辅，通过学生实操和双教师点评来提高学生的质量意识和评估能力（有关"生评师辅"在量表模型中的作用请参考第五章）。

除了课程录音，研究者还记录了听课笔记并收集了课件和练习材料，以备接下来的三角验证。

4.3.4 量表归纳能力和演绎能力

本研究观测学生量表应用能力的窗口有两个：一个是量表归纳能力，即能找到多个译语样本并从中提炼出抽象的描述语和级别（从特殊到一般、从案例到规则）；一个是量表演绎能力，即根据抽象的描述语找到多个相符的译语样本（从一般到特殊、从规则到案例）。两类能力的例子阐释如下表：

表 4.7 量表归纳和演绎能力示例

翻译任务	点评学生	受评学生
汉译英原文： 不是尊重了他追求幸福的权利吗？	Lun 的开头选择有些困难，by doing so, isn't we can...，没有说出最重要的点。Jie 的译语：I think that is the respect to protect 是反译，能把最重要的点说出来。这两个同学的译文，从不同方向体现了逻辑策略，抓重点的策略，逻辑第六级。	他（点评者）的意见比较准确，量表**归纳能力比较好**。
英译汉原文： I'm not saying couples must be inextricably locked together no matter what the problems are.	如果是看通俗策略的话，有这样两个典型译文，比如 Ling 的这个译文很别扭，"也不是说出现矛盾也要一起面临"，句式不通。Jie 的译文也是，"不是说，不管发生什么问题，都要紧紧约束在一起"，这句也是通俗的一个反例。	他（点评者）的**量表演绎能力**还行，但案例解释得还不够。

4.3.5 研究结果

本节的研究结果分析将从量表归纳能力和量表演绎能力两方面展开，重点关注中外教师如何以不同方式辅助提升学生的量表能力。

4.3.5.1 量表归纳能力

通过对课程中教师点评录音的梳理，研究发现学生的归纳能力较好，能够准确把握译文的实质，全面权衡量表的各个描述语，最终给出比较明晰和准确的判断。中方教师对学生归纳能力的帮助主要体现在对理论术语的诠释和补充，外方教师对学生归纳能力的帮助主要是对案例的深入分析和独到归纳，如下表所示：

表 4.8　量表归纳能力双教师点评示例（逻辑策略）

量表任务	根据学生译文归纳出逻辑策略描述语	
翻译任务	汉语原文： 孩子幸福了，才是好的婚姻。 学生 Ling 译文： If children are happy, the marriage is regarded as a good marriage. 学生 Lun 译文： As long as children are happy, their marriage can be said to be happy.	
学生点评	这两个译文都有一个特点，就是有意识地增加连接词，把两个分句之间的这个条件关系，嗯，或者是因果关系，给凸显出来，我觉得这个**体现了他俩的逻辑策略，就是五级那种**。	
教师点评	中教： 原文有一个**信号词**——"才"，这隐含了条件关系，而两个版本的连接词都是这种**内隐条件**关系的**外显**过程，所以**点评的时候要把这个抓出来**。	外教： Maybe 'the children's happiness represents the quality of the parents' marriage is slightly better. You see, **connectives are not necessary here, in the so-called logic strategy.**

上表案例中，师生共同聆听了同一句原文的两个版本英译文，随后学生率先归纳出逻辑策略。针对逻辑策略的归纳，中外教师均给予了肯定，但从不同方式给出了自己的补充：中教给出了更多的理论术

语，比如内隐和外显的逻辑关系、信号词，这些术语和点评丰富了点评者的评估知识，使学生有话可说，有据可依，为学生在以后的量表归纳提供了丰富的语言知识储备。与中教相比，外教的视角更独特，不是关注案例的理论归纳，而是指出逻辑策略的分析路径，这些路径不仅仅在于连接词这种信号词，还包括句式上的变化（即翻译教材中提倡的合句法）。这种视角可以帮助学生在句法层面更深入地归纳逻辑策略的特征，是对中教点评的有益补充。

中外教的互补还体现在流畅策略的归纳上，如下例：

表 4.9　量表归纳能力双教师点评示例（流畅策略）

量表任务	根据译文归纳出流畅策略描述语	
翻译任务	汉语原文： 这个前提就错了，外国移民又不是来中国抢工作的。 学生 Ling 译文： The condition is, is wrong. Immigrant, er, they don't steal jobs in China. 学生 Jie 译文： The assumption is incorrect, because the immigrants do not intend, intend to steal jobs. 学生 Lun 译文： I think, er, the basic premise is in reverse, immigrants do not come to China to steal jobs.	
学生点评	这三个译文都有流畅性问题，都有停顿，然后呢，都能适当地调整，应该是在调整吧，对吧，所以是流畅策略，第六级，有意识地调整。	
教师点评	中教： 流畅问题是学生二语的产出问题，评估不仅要注意到停顿，还包括停顿的位置，停顿的方式，等等。如果能根据上下文停顿在句子间而不是句子内部，或者通过一些小词，比如，I think，赢得一些停顿的时间，**那么就可以判断是更高级的流畅策略**。	外教： I like Ling's steady fluency. Jie's fluency is more natural but just a little too inconsistent at certain times. Ling spoke at a slower but more steady and even pace. Lun was kind of in the middle in this regard. I think the point that tipped me in ever so slightly in Lun's favor overall was **her sentences felt better-formed and easier to follow**.

上例中,师生共同聆听了对同一汉语原文进行翻译的三名学生的译文版本,上表关注的是学生对流畅策略的归纳。学生评估者在归纳时论述不够充分,案例分析也不够详尽,显得不够自信,因此两名教师开始对学生进行干预和辅导。中教辅导的重心仍然在术语补充和理论架构,汉译英停顿问题的根源可能是二语产出问题,比如停顿位置和停顿方式,这些理论术语的指导可以丰富学生评估时的表达。外教辅导的重心与中教不同,不再关注停顿这一时间变量,而是引导学生关注语言、句子结构,并从听众的角度提出,如果英译文的句式更合理,听众的主观感受会更舒服,流畅感会更佳。外教提出的听众视角是学生在进行评估时容易忽视的问题,也是应对学生流畅策略归纳不力的一个有效的解决办法。

4.3.5.2 量表演绎能力

根据课程记录和录音材料,学生的量表演绎能力不如量表归纳能力,即学生在依据量表寻找案例时,有可能找不到足够的案例,即使找到了,案例也不够典型和恰当,如下例所示:

表 4.10 量表演绎能力双教师点评示例(流畅策略)

量表任务	根据逻辑策略第六级"能整理源语信息的逻辑层次"找相应译文	
学生点评	Ling 有一句:And one of his hands is put on table, while the other is hiding,这个句子并列式不错,也有逻辑连词,Lun 的译文 one elbow resting on the counter 更好,用了分词结构,也算是这种案例,主从逻辑关系清晰。	
教师点评	中教: 整理源语信息的逻辑层次,关键词一是整理,二是层次,所以先判断主从,判断核心句,再用恰当的方式整理出来,连词只是最初级的一种,属于第五级,更高级的在于语法形式,甚至选词,比如用 elbow,就和前面的 hand 对立,这也是一种逻辑。	外教: Be careful with the over-usage of 'and' as this can lead to stringy sentences, but in saying this, it is definitely a common feature of impromptu spoken English and sometimes unavoidable. Verb-ing can be a nice variation on starting a sentence, also highlighting the so-called 'logic relation'.

上例中，学生面对逻辑策略第六级描述语：能整理源语信息的逻辑层次，需要找到符合要求的译文，这是典型的量表演绎能力的任务要求。学生根据 and，while 找到的第一个案例并不准确，因为连接词的显化属于第五级的逻辑策略，学生根据分词结构找到的 one elbow resting on the counter 比较接近，但未能充分论述为何这段译文体现了译者的逻辑策略。

为了帮助学生进行量表演绎，中外教师分别给出了自己的指导意见：中方教师从汉语措辞出发，点出"整理""层次"这两个关键词，并提醒学生注意五级和六级的级别差异，从具体的连接词上升到抽象的语法形式甚至选词。外方教师仍然利用其的语言优势给出了现在分词的语法用途和连词 and 的弊端，从语言角度廓清了学生的逻辑认识误区。

4.3.6 小结

本节通过具体的案例阐释了中外教师辅导学生提升量表归纳和量表演绎能力的过程。中方教师的优势在于理论阐释和术语知识，帮助学生把握评估重点，梳理评估步骤，明确评估目标；外方教师有母语优势，不仅能为学生提供丰富的样句案例，拓展学生的演绎能力，还能提供英语听众视角，培养译者的听众意识。中外教师的互补协作，有效地帮助了学生提升自身量表能力，尤其是帮助学习者在学生试评—教师辅导这种"生评师辅"的量表培训模式中取得较好的学习效果。

第五章
中国口译学习者课堂环境下的量表评估体系

本章要点：

- 界定量表评估体系的核心术语、确定评估体系适用的任务环境。
- 确定量表评估体系的第一环节为量表内容的应用，包括描述语的判断（单条描述语描述的特征与目标特征是否符合）、整合（多条描述语的取舍和组织）、拓展（量表语言的个性化阐释与量表社交功能的拓展）三项内容。
- 确定量表评估体系的第二环节为量表实施形式，包括评估主体（学生为主 + 中外教支持）、组织方式（单人 + 双人 + 全班）、模态选择（声音 + 文本 + 视频）三项内容。
- 根据上述两个环节构建完整的中国口译学习者量表评估体系。

5.1 核心构念

本书拟构建面向中国口译学习者的量表评估体系，体系构建的首要条件即对核心术语给出具体定义，包括中国口译学习者和量表应用能力这两个核心构念。

第一，在《中国英语能力等级量表》（2018）口译子量表中，中国口译学习者被界定为：学生具有一定的英语基础，语言能力达到量表第五级的要求，即高职、非英语专业大一、非英语专业大二、英语专业大一等以下水平的学习者不属于口译量表使用者的范畴（王巍巍等，2018）。本书研究的学习者进一步界定为初、中级口译职业能力学习者，即口译量表第五级和第六级水平的学习者，大致相当于英语专业（大二及以上）和翻译专业的在读本科生，这部分学习群体有如下三个特征：

1）人数多，代表了国内最广泛的口译职业能力学习者。

2）语言能力不平衡，英语能力明显弱于汉语母语能力，该群体属于不平衡双语者（鲍刚，2011）。

3）有比较充分的外语学习经验（超过12年的英语学习年限），具备基本的语言学习元认知意识和能力，有条件展开量表评估等元认知活动。

第二，关于量表的应用能力，本书提出，量表应用能力包括认知能力和社交能力两个维度，即学习者根据自身特点、任务特点、量表特点这三方面的知识，使用量表评估自身的学习，并借助量表与他人构建学习共同体的能力。在认知能力方面，学习者具备可以根据自身和同伴的特征（关于人的知识）、口译任务的要求和特点（关于任务的知识）、量表对应的维度和应用步骤（关于量表的知识），有计划地管理和开展口译自评和互评（程序性活动）的能力。量表认知能力的组成要素多元、层级循序渐进，一般需要经过辨识（判断）、运用（整合）、创造（拓展）这三个主要阶段（Brown，1987；Dinsmore et al.，2008）。量表社交指的是如何在社会群体中使用和应用量表，包括与谁使用（主体间互动）和如何使用（互动形式），等等。

本研究将立足口译量表（五级和六级）的任务环境，结合前三章的实证数据，从认知和社交两个维度介绍量表应用的具体环节，最终勾勒课堂环境下完整的中国口译学习者的量表评估体系。

5.2 任务环境

量表评估体系构建的另一基础是明确该量表适用的任务环境。口译能力量表包含 1 张总表（9 个等级的认知能力和口译策略）、6 张口译认知能力分量表（9 个等级的口头描述、叙述、说明、论述、指示和口头互动）、4 张口译策略量表（9 个等级的规划、执行、评估与补救策略）和 1 张口译自评表。就评估体系的任务环境而言，根据口译能力总表五级和六级内容（穆雷等，2020），本学习群体的口译任务环境以迎来送往、日常接待等一般事务性活动为主，不需要法庭庭审、行业发布等专业性强、现场设备要求较高的口译教学环境，这也符合本研究提出的适应最普通教学环境、针对最广大口译学习群体的读者群目标。

表 5.1　口译能力总表（五级和六级）

六级	能就熟悉话题、较短语段做无笔记交替传译，如日常接待、产品交易会等。 能主动预测讲话内容，评估译语的准确性和完整性并及时修正错误。
五级	能就熟悉话题进行联络口译，如迎来送往、陪同购物等。 能根据口译的交际场合和背景知识，译出源语中的重点信息，意义基本准确。 能意识到口译中出现的明显错误并及时纠正。

就任务要求而言，五级和六级的能力均包括元认知知识和活动两个方面，即掌握话题、场合、背景等任务要素的知识，实施自我评估（如译语准确性）、自我规划（如预测内容）、自我判断（如重点信息）和自我修补（如错误修正）等元认知活动。口译能力自评表（表 5.2）对这两个方面的内容进行了更详尽的介绍：

表 5.2　口译能力自评表（五级和六级）

六级	我能完成话题熟悉、语段较短的无笔记交替传译，如商务接待、陪同参观等。 我能通过组织方、互联网等各种途径，搜集与口译任务和讲话人背景相关的资料，完成口译前的相关准备。 我能听懂讲话人的主要意图，记忆讲话的主要信息，并能用目的语较为准确地译出源语信息。

（待续）

六级	我能评估译语的准确性及完整性，及时修正错误。 我能向讲话人或听众求助口译中遇到的困难。 我能事后及时反思口译过程以及存在困难的原因。
五级	我能就简单的交流场景，如机场接送、陪同购物等，完成口译任务，结合对主题和相关背景的了解，译出对话中的重要信息。 口译前，我能做相应准备，如了解日程安排、活动主题和内容。 我能意识到口译中出现的明显错误并及时纠正。

口译能力自评表进一步列举了评估任务所涉及的知识和活动两方面的内容，其概念性知识更丰富（场景、主题、主要意图、准确性等），认知和元认知活动更加详尽（了解、意识、纠正、评估、求助、反思等）。虽然丰富的内容和详尽的活动能锚定量表评估的具体范围，但也给学习者的识记和运用提出了挑战：学习者更容易识记和理解交流场景、对话主题等基础性概念，但对于什么是主要意图，以及如何及时修正错误等深层次概念的识记需要更具体的案例辅助学习。本书第三章的实证数据表明，体现深层次知识的描述语需要更清晰、更丰富的指标描述，学习者在量表使用时应重视这一指标的识记方法，借助更多案例克服评估困难。

5.3 量表内容

量表从内容上划分一般包括描述语和级别两大部分（Stevens & Levi，2013）。由于本研究仅关注口译量表五级和六级这两个级别，因此量表内容以描述语为主。根据设计者的介绍（何莲珍、陈大建，2017；刘建达、韩宝成，2018），《中国英语能力等级量表》（2018）是根据交际语言能力理论框架构建的面向运用的语言能力模型，描述语的核心理念为语言使用者运用掌握的语言知识、非语言知识及各种策略，是在参与特定情境下某一话题的语言活动时所表现出的能力。描述语的表述为在不同场景下的交际活动中能做的系统描述。描述语从结构上而言可分为横向的描述性参数框架和纵向的典型特征系统：前者界定描述对象和描述范围，后者给出级别间的区别性特征（何莲珍、陈大建，2017）。杨惠中等（2011）使用因子分析调查描述语答卷也发现，描述语横向结构上的内容体现了目标能力的构念效度，而纵向结构上的内容则体现了描述语针对不同等级学生水平的合适度。

描述语内容的应用包括判断、整合和拓展三个层次。

5.3.1 判断

描述语运用的第一个层次是描述语的判断。以口译策略执行量表第六级"能用通俗的语言，即时解释暂时无法找到'对等翻译'的源语词句"这一描述语为例，其动作明晰，含义明确，操作性强，学生评估时只需将该描述语与受评对象的行为或表现相对应，从而作出二元判断（符合／不符合）。这种基于单条描述语的判断是最基础、最常见的量表运用行为，如第三章学生互评录音片段所示：

片段1：

学生1B：然后看一下，就是句子里面它经常会出现一些比较口语化（的表达），然后也不能算是俚语，但是还是比较专属于英文表达的一些地方，然后你就能把它转化成中文语境下面比较符合这个意思的（词语），但是在词语上面完全没有对应的一些表达，我觉得非常好。比如说什么 boys are taught to play hard, swing high，在这里你就不会想说什么狠狠地玩之类的。

学生1A：（笑）

学生1B：就是努力争取机会，我觉得这样就够了。

片段1的互评记录表明，学生在判断"能用通俗的语言，即时解释暂时无法找到'对等翻译'的源语词句"这一描述语时，能够比较迅速地定位符合该描述的具体案例，并对案例是否符合描述语特征作出相应的判断。根据量表设计者的介绍，口译策略描述语关注的是典型的策略运用（王巍巍等，2018）。该类描述语特征是按照"困难—方案"模式论述，因果关系相对清晰，策略特征比较典型，因此最适合学生作出二元判断。

就五级和六级口译能力总表而言，学习者对描述语涉及的任务环境作出判断也比较容易，即比较有把握辨识机场接送、日常接待等语境特征，在自评互评过程中也反馈该类描述语容易理解和掌握，这在一定程度上体现了量表的语境效度（张晓艺，2017）。此外，学习者对描述语中统摄动词的判断效率也相对较高（如"我能求助……""我能听懂……"），能够理解动词背后体现的认知要求，根据量表设计方的介绍，统领描述语的认知动词经过了严格选择和定义，以贴近我国英语学习者口译等各项能力的认知发展过程。因此，学习者对描述语较高的判断效率体现了量表较好的认知效度。

不过，学习者在面临涉及不同级别的同一任务特征时，无法把握程度词的具体边界。张晓艺（2017）调研中国学习者的量表识记过程时曾指出，《欧洲语言共同参考框架》阅读能力这一部分描述语的界限较为模糊，难度差异不显著，不能有效区分相应的能力区间。根据第二章的自评访谈结果，学习者在阅读第五级"意识到明显错误并纠正"和第六级"评估并及时纠正错误"时，不能有效地判定这二者的级别差异。杨惠中等（2011）也提出，如果描述语中必需保留这些带有不定量表述的程度词，就必须作进一步的定量说明，明确界定哪些错误属于明显错误，只有定性与定量相结合才有可能提高评估的客观性和一致性。

除了程度词外，如果同一任务特征跨级别描述语的表述方式发生变化，量表判断也会出现困难，如下列同伴评估片段所示：

片段 2：

学生 1B：除此之外，在表达的逻辑方面有进行一些增加，比如说，我在这几张票上，选票上面浪费了这么多钱，在这里你就加了一个区区，就让他的观点更加清晰。

学生 1A：那这个属于几级？

学生 1B：肯定不是第五级，因为它说"能用连接词再现或明示源语语句之间的逻辑关系"，你没有连接词。

学生 1A：第六级吗，能整理源语信息的逻辑层次。

学生 1B：不是整理，是增添。

学生 1A：能使用增补删减等方法，明示源语中的模糊指称，这似乎是第七级。

学生 1B：嗯，是增补，不过为啥说是模糊指称？

本片段中，学生 1A 英译汉时在译文中增加了"区区"两个字，突显了原文的对比逻辑，方便听众理解和把握，这一增译策略却给学生 1B 的判断带来了困难。理想的策略描述语应该包括典型的口译行为（如增补）＋典型的口译目标（如明晰讲者逻辑）这两项内容，量表描述语的相关内容如下图所示：

表 5.3　口译执行策略量表（节选）

七级	能使用增补删减等方法，明示源语中的模糊指称。
六级	能整理源语信息的逻辑层次。
五级	能用连接词再现或明示源语语句之间的逻辑关系。

五级对应的描述语是"能用连接词再现或源语语句之间的逻辑关系"。学生译文增加的"区区"两字并不符合该描述语第一项"能用连接词"；六级对应的描述语只有一项内容（整理逻辑层次），其行为特征不易把握；七级描述语又恢复成两项内容（能使用增补删减等方法，明示源语中的模糊指称），其中第一项内容完全符合，但第二项内容（模糊指称）不尽符合。总体而言，学生 1A 的口译策略似乎与第六级最为接近，但学生的犹像和反复讨论也体现出他们在跨级别判断描述语时存在困难。关于如何提高单项描述语的判断速度和准确性，研究者提出，评估者必须要掌握量表的基本知识（awareness），提高对目标特征的敏感度（alertness），这样在目标特征出现后才能准确捕捉和迅速判断（Andrade & Du，2005）。

学生判断描述语级别时的困难，在量表设计时曾得到过充分考虑。何莲珍、陈大建（2017）曾提醒，各级别对描述语内容的选择看似杂乱无章，实则有其内在的系统性。由于某一能力等级的学习者能够胜任的活动有很多，而量表无法对其进行穷尽式列举，因此量表只描述显著区别于其他等级的行为表现，即不同级别的描述语具有的典型区别性特征。不同级别认知能力描述语的典型特征梯度较为明显，并且跨交际功能类别呈现出一定的系统性。片段 2 中，学生最熟悉、最有把握的逻辑策略描述语应该是第五级"能用连接词再现或明示源语语句之间的逻辑关系"，这也是逻辑策略最基础、最容易判断的特征。随着任务复杂程度的不断增加，单纯的连接词增删已经不足以满足逻辑显化的要求，学生还要学会使用程度词（如本片段中的"区区"）、代词、词语重复使用等多个手段（杨承淑、邓敏君，2011），这些手段是初中级学习者正在学习而尚未充分掌握的，因此如果要实现对描述语的跨级判断，学生需要提前接受足够的有关描述语梯度特征的培训。再如片段 3 所示：

片段 3：

学生 2A：我觉得这一段，还有大数据和互联网时代这段都做得不是很好，因为这段明显既重复又啰唆，但是都没有给它简化、整理，像第六级这样，也没有给它明示出来。

学生 2B：我当时也没有考虑到，就觉得能翻那就翻，然后听到他说什么就翻什么。

学生 2A：但是他又说得又不是很明白，对，你真的不会省略，风起云涌你都会翻 spring up。

学生 2B：我听到风起云涌会想换一个词，但是想不到。

片段 3 的讨论中，学生 2A 已经有意识地开始尝试使用第六级口译策略描述语（能整理源语信息的逻辑层次），判断对方译语的特征是否符合该描述语的特征，但两人的讨论没有持续，既没有探究源语信息应该包含的逻辑层次，又没有交流逻辑整理的具体方法，而是继续停留在对表层性、印象性语言特征的讨论，如某个具体词的翻译（"风起云涌"的译法）。两名同学都意识到按照表层直译不够妥当（"听到他说什么就翻什么"），但一旦深入讨论这一描述语又缺少必要的知识和技能。因此，片段 3 表明，某些内涵丰富的描述语（如整理逻辑层次）会给学生的量表使用带来困难。又如以下片段：

片段4：

学生2A：针对比较密集的信息，我觉得是开头这边人名的列举，我觉得你应该肯定是听到了，只是不知道要怎么翻，所以就刻意的就不翻，不知道怎么翻，就刻意的不翻。对，应该……这算是一种主要信息吗？还是遗漏？我不太……

学生2B：我觉得这个信息可以遗漏，因为毕竟distinguished leaders这已经……

上述互评讨论针对六级描述语"我能听懂讲话人的主要意图，记忆讲话的主要信息"（见表5.2）进行。同伴互评的困难是如何判断主要意图和主要信息。根据同学2B的意见，面对比较密集的信息时，如果已经说出了上义词distinguished leaders（尊敬的各位领导），则主要信息已经传递，达到了该描述语的目标。但是，根据同学2A的意见，信息的取舍是因为译员"不知道要怎么翻"，这种避难趋易的做法是否符合第六级描述语的本意和初衷，引起了双方的热烈讨论，也侧面体现出描述语的模糊性。

针对内涵丰富的描述语，Li & Lindsey（2015）视其为深层次描述语，即涉指任务宏观特征的表述，其用词抽象、表意模糊、内涵难以量化。Rust et al.（2003）将其称为不可见的描述语，如合理分析、得当评价等表述，它与可见的描述语如拼写准确、参考文献格式规范等维度相对。Rust et al.（2003）进一步指出，不管是在自评还是互评中，学习者对不可见描述语都有强烈的抵触情绪，即使他们使用了个别深层次描述语来判定具体级别和分数，也显得非常勉强和不够自信，既担心对方不接受，又担心露怯。Li & Lindsey（2015）发现，学生往往不能真正理解和判断深层次的、抽象的描述语，只是用另一个模糊的、模棱两可的描述语去解释，甚至会给出与真实意义完全相反的解读。根据量表设计者的介绍，以听力量表描述语为例，某些典型特征维度仍需更多的实证研究来验证其效度。例如，在语速层面，目前有缓慢、较慢、正常、较快等四个层级的定性描述，然而听力教材和测试材料的开发需要更精确的语速指标（如每分钟产出的词数），这就要求采用专家讨论、实证研究等手段来注释语速缓慢、正常等描述的确切语速范围（何莲珍、陈大建，2017）。

针对上述困难，Rust et al.（2003）建议，对深层次描述语的理解和判断，如果仅靠传统的教师讲解等显性干预，效果有限，应该采取显性干预和隐性干预相结合的方法，让学生从实际操作中掌握，使其成为自动化的、程序性的量表知识。Su（2020b）的量表研究也指出，培养学生对描述语的判断能力，需要有意识地、有目的地训练归纳和演绎这两个认知过程：第一是归纳过程。学习者针对某一具体口译领域（如口译过程中的纠正错误），参考大量的口译样本（如同伴口译录音、教师示范录音、电视口译片段等），反复研究、判断并提炼纠错活动的普遍性特征，尝试给出自己的描述语，并将其与量表描述语相互对照，以获得对抽象概念 / 深层次描述语的感性认识。这属于从实例到规则的抽象归纳过程。第二是演绎过程。学习者以小组为单位，各自就同一描述语（如纠正明显错误）收集不同的口译样本，然后互相比对哪些样本最符合这一描述语。这是一个从抽象规则演绎到实例的过程，也就是 Li & Lindsey（2015：70）提出的"将抽象术语连接到可观察的特征"（link the abstract term to more observable features）。据此，小组间可以对各自小组选出的典型样本作进一步的对照和讨论，学习者由此可以在脑海中形成关于某一描述语的丰富案例库，对量表的识记不再只是停留于文本的字面理解，而是能迅速在文本和实例中建立联系（linking），为后续量表的应用奠定良好的基础。

综合本节内容可以得出如下结论：量表内容使用的第一步是对描述语作出快速、准确的判断，判断学生的口译表现是否符合某一条描述语的描述。初级、中级学习者在判断五级和六级的描述语时，由于内容结构比较简单，动作指向比较明晰，大部分情况下的判断比较准确和迅速。不过，涉及到深层次、内涵丰富的描述语时（如整理逻辑），学生既无法判断其具体级别，又无法深入讨论其具体内容，由此判断的准确性和深度均有欠缺。针对描述语判断的量表培训，应该立足其核心概念，开展归纳演绎相结合的概念培训方法，加速描述语知识的内化。

5.3.2 整合

　　口译量表描述语与目标特征并不总是一一对应的关系。在很多情况下，某一项目标特征可以同时对应多项描述语，此时需要评估者同时关照和运用多项描述语，完整捕捉该特征。描述语整合面临的首要困难是整合口译能力这一构念的多维性特征。以口译听记为例，量表设计者分解出多项认知能力，包括识别提取（如源语识别与记忆）和概述综合（如逻辑辨析和信息筛选）等（王巍巍、穆雷，2019）。学生自评或互评时常常需要兼顾多个侧面，筛选和组合出最符合、最能体现他们口译特征的描述语，其描述语整合过程包括筛选和组合双重行为。杨惠中等（2011）在研究口语能力描述语的整合行为时发现，多条描述语往往同时出现。比如，很难发现一个人口语表达灵活得体却词汇贫乏、错句连篇。换而言之，表达得体维度的描述语和词汇语法维度的描述语高度相关。这一点可以从语言学角度得到解释，因为口语能力的各个侧面彼此相关。语言能力的这一多维特征给描述语整合带来了具体的应用困难。

　　描述语整合的另一个困难是廓清口译策略运用的非线性和叠加性特征。根据曾用强（2017）的分析，策略是为了完成认知任务而采取的办法或措施，是一种工具，是能被语言学习者识别的方法、手段和技巧。语言使用的过程并不是一个简单的从规划、执行、评估到补救的线性过程。某一策略的使用也不只局限于某个过程，或者说某个过程并不只运用某个策略。有些策略的使用贯穿于整个过程，策略的使用阶段没有严格的区分界限。Li（2013）针对本科生的口译策略实验发现，某一译语语段常常会使用多个口译策略，因为学生处理一项口译困难时往往同时借助使用多个策略。以口译理解和辨识过程中的策略使用为例，五级的核心动作过程包括注意—整合—再现／明示，六级的核心动作过程包括理解—整理—解释，如表5.4所示：

表 5.4　口译理解和辨识策略（五级和六级）

六级	能借助与专题相关的语言知识及专题知识理解源语。 能整理源语信息的逻辑层次。 能用通俗的语言，即时解释暂时无法找到"对等翻译"的源语词句。
五级	能注意到讲话人主要的非语言信息。 能根据上下文，整合源语中零散的信息。 能用连接词再现或明示源语语句之间的逻辑关系。

评估者既要同时捕捉三项核心动作，又要理解这三项动作的内在逻辑关系和纵向区别，这种同时处理多个任务的要求是描述整合语的一大难点，如下例自评所示：

片段 5：

学生 S2：我觉得还是写最痛的点吧，就是哪一块就是不行，自己都接受不了，完全接受不了，怎么翻成这个样子。这些东西是最核心的东西，就一定要先写下去，细枝末节先往后放，就先抓主要矛盾。对，每一个大块里边我哪一个问题特别突出，那是一定要认识到的，然后后面才能有针对性地去关注自己这一块的不足。

学生 S2 在运用多项描述语整体评估时，考察的先后顺序取决于自身听录音的主观感受，对于更突出的问题重点评价，以便在后续练习时可以有针对性的关注自己这一块的不足。

在多项描述语的整合方面，在互评过程中同学更多汇报了较高级别的描述语整合困难，如片段 6 所示：

片段 6：

学生 2A：在监听译语表达方面，当你说出"要安全地玩"这句话的时候，你有监听自己的表达吗？因为像我说"要做危险的事"，我说完就后悔了。那你说出"安全地玩"……

学生 2B：我不记得我说了"安全地玩"……

学生 2A：这种就是监听的时候要注意一点。

学生 2B：那我说完总不能改口，说了就说了。

学生 2A：但可以……不是说改口，就是再补充一下，到底更合适的表达是什么，我当时反正听到"安全地玩"的时候，就在想会不会有……我在期待会不会有更地道一点的中文表达。

关于自我评估和补救的策略描述语（见表 5.2），五级的描述语有"我能意识到口译中出现的明显错误并及时纠正"，第六级增加为三条：1）我能评估译语的准确性及完整性，及时修正错误；2）我能向讲话人或听众求助口译中遇到的困难；3）我能事后及时反思口译过程以及存在困难的原因；随着级别逐次提高，描述语条数逐渐增加，学生的描述语整合也面临更大的压力。

针对多项描述语的整体运用，Li & Lindsey（2015）发现，学生评估弱于教师评估的原因主要在于前者关注的单位小。学生总是人为地将描述语拆解为更小单位的词组以便于应用，总是孤立地观察某一特征而忽视语言表现的整体性和复杂性。Schenck & Daly（2012）则认为这是综合性量表的固有问题，即综合性量表倾向于描述活动的整体，将这一活动中的所有特征融入某一级别，以求表述的完整性和直观性，但评估时不可避免地会造成评分员意见分歧、言人人殊的情况。

口译评估者无法同时关注到口译产品的多个领域，这实际是初学者工作记忆协调性较低的体现。工作记忆（working memory，简称 WM）是指个体在执行认知任务过程中，暂时储存与加工信息的能量有限的系统，它是人类认知活动的核心，是学习、推理、问题解决和智力活动的重要成分（Baddeley，2001；赵鑫、周仁来，2010）。Su（2020b）的实证研究发现，口译学生的工作记忆效率会随着评估经验的丰富而逐步提高，即经过量表培训和大量评估实践，学习者能逐步学会同时关注多个描述语，生成多层次、多侧面的评估意见。Su（2020b）进一步指出，口译初学者可以采取渐进式的量表培训方案，初期只关注口译产品的某一项特征或某一条描述语，然后逐次增加评估的维度和描述语的条数，由易到难，循序渐进，最终培养学生学会整合多项描述语的能力。

描述语整合的第二个可能训练途径是：在评估表中附上原文译

文，标识出热点句段以提醒和指导学生。在第二章的自我评估研究中，有学生在自评后的访谈中提出，如果教师在评估表的描述语旁边附上原文和译文的文本材料，那么通过样本参照的方式能更好地提高描述语整合的速度和准确性，如第二章研究中学生 S1 在自评时所说：

片段 7：

学生 S1：应该把材料要放在这个表里，就一段一段对照的那种，然后也有一个 level（级别）的评分，然后有一个 feedback（反馈）。就是一段一段这样子。这个时候这个 criteria（指标）也就能用上了。因为你在具体某一个段的时候，就会比较有针对性。所以 criteria 就能打出来钩，就哪些是对上的，哪些是没有对上的。

本书据此提出，整合描述语时，学生应该综合把握各要点的内在逻辑，结合自身经验和水平赋予各描述语不同权重，突出重点词语和句子（或者参考教师提供的标明重点词句的参考原文和译文）。以口译能力自评表（五级和六级）中的描述语为例（见表 5.2），对于描述语"我能听懂讲话人的主要意图，记忆讲话的主要信息，并能用目的语较为准确地译出源语信息"，水平有限、经验不足的评估者会把重心放在"目的语""较准确"等表层特征上，往往忽视"主要意图"这一深层次抽象概念，因此评估方案需适当增加对主要意图的评估权重，提示评估者合理分配精力，统筹评估重点，形成完整全面的评估意见。

5.3.3 拓展

量表拓展是量表认知能力的最高阶段，属于创造性运用量表知识的高级思维能力。孙有中（2015）在外语教育改革中专门指出，大量对外语专业本科生的教学活动都是在模仿、理解和识记层面展开，很少上升到应用、分析、创造等高级思维层次。作为一种元认知活动，创造性思辨能力并不局限于新理念的提出或新产品的开发，更多是在强调学习者对证据、概念、方法、指标等因素的灵活阐释和创造性的拓展和使用。具体到量表评估能力方面，量表拓展既包括对量表语言的创造性拓展，也包括对量表内容的创造性拓展。

5.3.3.1 量表语言的创造性拓展

　　学生使用量表时并不总是照搬某一条描述语，或直接使用描述语的原文。尤其是在自评时，学生会使用更丰富、更个性化的语言对该条描述语作出个人化的阐释，这一自评行为属于单条描述语的阐释活动。如下例：

　　片段8：

　　学生S1：我之前习惯了用自己那种自评方式，比较适应用文字，用自己的语言，（感觉）更有发挥的空间，毕竟，量表是死的，需要语言给它生命力，（我们）不要太被它的原文限制。

　　关于某一条描述语的多样阐释，Li & Lindsey（2015）也汇报了类似的发现，如学生针对量表中"论述层次丰富"这一描述语给出了多个阐释，有比较笼统的"写得很好，让人忍不住反复阅读"，还有比较具体的"仔细归纳命题"和"理解清晰难以反驳"，体现了学生的个性化的解读视角和思维特征。

5.3.3.2 量表内容的创造性拓展

　　量表在教育领域的价值远超过其作为单纯的测量工具所产生的价值，它是学习者与学习者之间、学习者与教师之间缔结学习共同体的根基。教师通过量表向学生传达期望和要求（Andrade & Du，2005），学生通过量表反思和讨论学习进展，或者向教师反馈学习经历和得失。早期的量表文献过多关注学生是否达到某项指标，"将学生的习作和教师的反馈异化为无意义的练习本身"（reducing student essays and our responses to an exercise in purposelessness）（Wilson，2007：63），忽视了量表在学生社交、情感、认知等维度上的重要功能。

　　片段9：

　　学生S4：如果你是要把文字写出来，其实你是要需要真的有思考。因为你要组织语言的时候，其实你就是在审视自己。

　　正如学生S4所言，自我评估时如果尝试在描述语的基础上增加自己的思考，就是在利用量表这个通道开展自我对话，审视自己。这种元认知活动突破了语言测量的窠臼，有效地拓展了量表在认知和情感上的功能，这正是量表进入课堂后的一个重要属性。一般而言，"差生"被认为处于学业等级的低位，并连带性地在其他一些方面也成为了低位者。但事实上，这并不必然意味着他们在所有方面都处低位。学生同辈群体中的强与弱、好与差、输与赢并不会一成不变，它们会随着评量取向的不同以及班级事件而发生流变、转换或者此消彼长的情况。量表工具的介入不仅可以扩展评价的维度，还可以支持全体学生参与到评价过程中来（马宁等，2014）。课堂环境下，学生借助量表管理自我的行为可分为两个方面：培养自律的学习和自律的日常行为。自律的学习主要是指学生能够合理地通过自我安排和管理自己进行学习。量表进入课堂后，学生能够根据量表的要求设定学习目标，评估自己学习的历程，并能够根据自己学习目标达成状况来调整学习进度。在这一过程中，量表实现了上文所述的认知功能。自律的日常行为表现主要是指学生能够自我管理和调节日常行为表现，这一方面最能体现量表的社交维度。学生能够自发地参加评估活动，对自己在群体的行为表现和结果负责（如评估小组中尽力配合对方），从而约束并克制自己的不良行为，不断向优秀者学习和靠拢。

5.3.4 小结

量表内容的判断、整合和拓展三个阶段体现了量表应用层级逐次升高的过程：对量表内容作出是或否的二元判断，是学生应具备的最基础的认知能力，这也是量表设计成"能做"表述的初衷。该阶段是本书中初中级口译学习者的入门阶段。随着评估经验的积累，描述语判断效率随之提高，学习者开始逐步学习整合不同的描述语，同时捕捉口译产品的多个侧面，生成层次丰富、详略得当的评估意见。这一阶段需要学习者接受系统的评估培训（如渐进性式的量表培训），以及需要教师精心准备相关文本（如在原文、译文、参考文本上标出重点）。拓展阶段则鼓励学生发挥自主性和创造性，包括每个学生以个性化的、丰富的语言诠释同一描述语，或者将描述语的内容视为进行自我审视和同伴交流的工具，借此产生自主学习的动力或者搭建学习共同体的交流平台。

5.4 量表实施

5.4.1 评估主体

　　面对量表内容应用的判断、整合、拓展三个阶段，由谁来主导是量表评估的另一个重点，即评估主体的构成。本书的量表评估体系确立了学生为首、中外教师合作辅助的评估主体，三方的分工如下：

　　学生：学生是评估意见的第一作者和发出者（the first author and sender），以及唯一接受者（the only receiver）。评估意见由学生率先生成并发出，因为学生最清楚自己或同伴所经历的口译过程和口译困难。学生自己的评估声音也最需要被保护和尊重。评估意见仅由学生接收，因为学生是量表的首要服务对象，是所有评估意见的最终归属。

　　中方教师：中方教师是评估意见的次要作者和发出者（the second author and sender）。中教是除学生之外最清楚其口译学习过程和学习困难的学习伙伴，也是最熟悉学生成长背景、学习动机、学习风格等个人特征的人。因此，中教可以比外教更有把握地调整学生评估意见的内容，补充和明晰学生的评估意见，阐发评估重点。此外，一般而言，中教比学生和外教更了解量表内涵和描述语之间的细微差别。因此，在帮助学生形成评估意见时，可以在描述语的选择和判断、整合和拓展上给予学生最大的帮助。从某种意义上，中方教师也是评估意见的第二作者。

　　外方教师：外方教师是评估意见的第三作者和发出者（the third author and sender）。口译任务的主要目标是让交际各方能完整地接收到交际信息，外教作为交际过程中不可缺少的一方，其反馈意见是判断交际行为成功与否的重要一环。根据本书第四章的实证研究，与中教相比，外方教师更有把握评价表达的策略使用，评价学生如何恰当使用连接手段和停顿手段，保持译语的可理解性，提高译语的接受效果。总之，中外教师能从不同角度给出逻辑调整策略的评估意见，丰富和完善学生的量表知识，拓展量表的应用空间。教师之间在不同视角下形成的互补性评估能帮助学生提升他们对逻辑策略特征的敏感度，有助于完善学生的自我评估维度。

以上归纳了评估主体三方各自的角色和责任，但以学生为主体的评估角色分配模式是一个相对较新的理念，早期传统的口译评估体系仍然以教师为主。例如，Hartly et al.（2003）发现，许多译员培训项目仍然采用以教师为中心的方式，即主要由教师来评判口译学习者的表现。他们认为，口译技能的习得不仅需要专业人士在课堂上提供指导，更需要学习者在课后进行大量练习。因此，学习者口译技能和口译表现的进步在很大程度上都需要依赖集体练习（group practice）和同伴反馈。Sadler（1989）指出，要使学生能够将实际表现与参照指标相比较并采取行动弥合差距，学生必须首先掌握与教师类似的评估技能。由于学生的评估能力是在被评估和实行评估的过程中逐渐培养起来的，因此课堂评估应当是一个逐渐把评估权分配和转移给学生的过程。在课程的初期，教师是评估的主体，是反馈信息的主要来源。教师通过示范评估和给学生分配一些评估任务来培养学生的评估能力。当学生的评估能力日趋完善，对自己和同伴评估能力的信心日益增强，教师可逐渐增加学生评估的比重，直至学生成为可靠的评估主体。本书进一步提出，评估主体应该尽快回到以学生为主体、中外教共同辅助的角色模式，实现以学生为本的量表设计初衷。

5.4.2 组织方式

量表实施的另一个环节是具体的组织方式。以往研究发现，学生使用量表进行评估时，有教师反馈比没有教师反馈更能提升学生的量表效率和学习效果（Panadero & Jonsson, 2013）。根据 5.3 小节的分析，从判断层次到整合乃至拓展，量表内容的复杂程度逐步增加，认知要求逐级升高，学生独立完成量表评估面临更大的困难。因此需要师生之间、同伴之间结成学习共同体，以小组形式共同学习和使用量表，具体而言，组织方式包括生评师辅和师讲生评两种。

5.4.2.1 生评师辅

生评师辅即学生主导评估，教师作为协助评估者加入，双方分工协作，分解评估任务，交流评估经验，共享评估历程，共写评估结果。一方面，这一组织方式让学生享有与教师平等的地位，承担学习和评估的责任，提高学生的参与感和责任心。另一方面，教师通过与学生的分工协作，获得学生的一手评估经验，并通过合作评估这一隐性方式实现教学干预，如评估对话、描述语协商、级别比较等方式，从而影响学生评估进程，培养学生的量表评估能力。

5.4.2.2 师讲生评

学生如果独立或者在教师协作下仍然无法顺利完成评估（见下图5.1），则需要先汲取足够的陈述性知识（declarative knowledge），听从教师的讲评和讲解，然后再尝试，最终完成量表的进阶内容。教师需要仔细观察、完整记录学生的评估经过。在学生评估前和评估后，教师要向学生及时提醒和总结，讲解和分析量表使用的得失，学生不仅从自身的评估经历中获得程序性知识（procedure knowledge），还从教师的讲解中获得陈述性知识。

关于量表知识的习得，Panadero & Jonsson（2013）提出，量表程序性知识的习得是最重要的，因为量表能力本质上是一种实操能力，学生需要在实操中学习（learning by doing）。此外，实操结束后的教师讲评也同样重要，这些陈述性知识不仅可以培养学生的自我反思意识和监控能力，还能促进学习者从自我离线评估向自我在线评估转化。自我离线评估是学生在任务完成之后进行事后评估，是反思式的、以修正学习过程为主要目的的评估。自我在线评估是在任务进行过程中进行的评估，是内省式的、以修正实时产出为主要目的的评估。Sadler（1989）认为，学生进步不可或缺的条件是其拥有与教师类似的质量观，能够持续不断地产出评估，并且拥有一套策略储备随时应对评估过程中的困难。也就是说，学生必须具备进行自我实时评估的能力。自我在线评估要求学习者对口译质量指标有全面而准确的理解，在产出过程中随时以质量指标为标杆衡量自己的产出质量并迅速采取适当的策略保证产出质量。因此，自我在线评估是学习者评估能力的最高层次，也是培养学生评估能力的最高目标，而生评师讲这一组织方式可以奠定扎实的理论和知识基础。

5.4.3 模态选择

量表评估的模态选择既包括文本这一传统模态，也包括身体语言、图像声音等新模态。学生开展评估活动时需根据不同组织方式和不同量表内容选择相应的模态组合，从文本模态入手，逐步过渡到多模态综合的量表实施方案，过程如下：

在文本模态阶段，学生以学习量表语言和描述语内容为主，厘清各个术语之间的区别，了解含义的演变，掌握描述语句子结构、内容构成、构念设计等知识性内容。这一阶段主要是掌握上述"师讲生评"组织形式中的文本陈述性知识。以量表中译语的完整性为例，五级描述语的表述是：译出源语的重点信息，主要关注口译学习者是否能够听懂源语大意，要求学习者梳理重要信息并将其译出。六级描述语的表述是：口译学习者能够有意识地监控并保证译语的完整性。七级描述语增加了口译笔记的辅助功能，强调译出源语中的重要信息和关键细节，即进一步要求关注译语完整性需涉及的关键细节层面（王巍巍、穆雷，2019）。学习者在比较这些文本信息时，需要借助教师的指导和讲评加深理解，为后期的多模态综合评估奠定基础。

在多模态综合阶段，学生从书面文本走向实战，全方位多模态的感知、判断和分析口译过程。例如，本书第三章的 2 班实操型量表方案所示：学生首先听取翻译样本并分小组进行讨论（声音模态），再组成大组，集中记录共同的问题（文本模态），然后各组上台展示，台下互相观摩，了解同伴的评估过程和评估困难（身体语言模态、视觉模态等）。在这一阶段，学生通过不同模态获取丰富的信息，多维度、多层面地提升对评估的感性认识和理性认识（详见 3.2 节）。

5.5 量表评估体系构建

根据上文内容，面向中国口译学习者的量表评估体系可以展示如下：

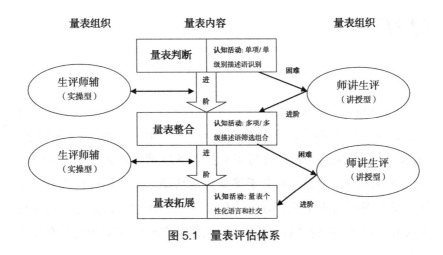

图 5.1　量表评估体系

　　该体系包括量表内容和量表组织两大模块。其中，量表组织是辅助学习者消化和掌握量表内容的组织形式，通过讲授型和实操型这两种量表培训方式综合提高学习者的口译能力（见第三章）。量表内容包括量表判断（单条描述语与目标特征是否符合）、量表整合（多条描述语的取舍和组织）、量表拓展（量表语言的个性化阐释与量表社交功能的拓展）三项。三项内容按照认知难度顺序依次进阶。处于较低水平的学习者（如本科二年级修读口译入门的学生）从描述语判断入手，逐步增加描述语项目数和长度，提升判断过程的熟练程度和效率。随着学习者水平的提高，量表认知活动开始进阶为程度更复杂、范围更广的整合和拓展活动。尤其在最后一个层级（量表拓展），注重的是学习者对描述语的创造性使用和个性化阐释。学习者需要依据个人需求，寻找同伴，结成学习共同体，通过集体讨论和相互支持，在认知、情感、社交等各个维度提升自我，成长为孙有中（2015）所说的全面、创造、思辨的独立学习者。

结语

本书以口译中的量表评估为研究对象,立足本科阶段中国口译学习者这一学习群体,根据最新发布的《中国英语能力等级量表》(2018),分析和论述了口译量表支撑课堂反馈活动和学生自主学习能力发展的理论基础,并基于课堂评估活动的个案研究详细分析了如何将量表应用于学生自评、同伴互评及师评过程,最终据此提出了服务于口译学习者的评估体系。该体系在理论和实践上具有以下特点:

1)理论上,该体系将量表评估按判断、整合、拓展划分为三个逐级提高的认知层级。根据中国口译初学者的语言基础现状和认知特点,三个层级的内容由易入难,并突出拓展这一量表应用的终极目标。根据孙有中(2015)的观点,我国的英语教育与思辨能力培养还存在很大差距,学生的课堂评估都是在模仿、理解和识记等层面展开,很少上升到应用、分析、创造等高级思维层次,英语教育需要积极创新,超越传统,在思辨能力培养上实现根本突破。成熟独立的学习者,应懂得广泛搜寻和综合处理相关信息,选择指标时理由充分,探究问题时专注目标,持之以恒地研究所探索的问题,尽可能地追求精确的结果。本书提出的量表评估体系,能够将学习者的基础阶段(识记、判断口译能力的文本内容)和高级阶段(综合分析、创造发挥口译量表)结合起来,量表评估的进阶过程符合学习者的认知发展规律,符合思辨外语教育对高级思维层次的要求。

此外,本书的量表体系不仅仅限于对学生认知能力的培养。量表在教育领域的价值远远超过单纯的认知工具,它是学习者之间、学习者与教师之间缔结学习共同体的根基。教师通过量表向学生传达期望和要求(Andrade & Du, 2005),学生通过量表反思和讨论学习进展,或者向教师反馈学习经历和得失。早期的量表文献过多关注学生是否达到某项指标，"将学生的习作和教师的反馈异化为无意义的练习本身"（reducing student essays and our responses to an exercise in purposelessness）（Wilson，2007：63）。忽视了量表在学生社交、情感、认知等维度上的重要功能，学生能够自发地参加评估活动，对自己在群体的行为表现和结果负责（如评估小组中尽力配合对方），能够约束并克制自己不良的行为，并不断向优秀者学习和靠拢。此外，量表描述语，尤其是深层次描述语，本身就需要更广泛的讨论和更多个性化的阐释，因此，评估体系客观上鼓励和指导了学习者在认知、情感、社交上的全面进步，成长为全面发展的独立个体。

2）实践层面，本体系在呼应"以学习者为中心"的基础上，基于前人的研究，首次提出讲授型＋实操型相结合的量表组织方式，首次强调中外教师合作辅助的评估模式。本研究的实证数据发现，整体而言讲授型和实操型两种路径都能明显提高同伴评估和反馈的质量。讲授型是学习者初次接触量表的必备途径，是掌握量表文本内涵，内化口译能力的首要阶段。实操型可使同伴讨论的话语功能类型更丰富，话轮更持久，涉及的指标和主题更多元，初步培养评估者的量表应用能力和整体思维能力。在中外教师辅助评估方面，由于中外教师擅长和关注的指标略有不同，可以设计不同的培训方案，邀请中方教师观摩和学习外方教师的表达策略评估，或邀请外方教师学习中方教师对内容策略的评估，两组教师互相学习和补充，共同提高学习者的量表使用能力。

总之，量表评估体系内容多元、层次丰富，能够为初级学习者的全面成长给出切实可行的操作方案，能够为本科翻译教育者提供明确具体的指导路径。针对评估体系的后续研究，可进一步探索该体系对高级英语学习者（如翻译硕士阶段）从事高层级口译活动（如同声传译）的适用性，进一步探索该体系在通识教育阶段与专业口译阶段（如医疗口译、法庭口译）的操作差异，不断拓展评估体系的内涵和外延。

参考文献

Alderson, J. C. (2005). *Diagnosing Foreign Language Proficiency: The Interface Between Learning and Assessment*. London: Continuum.

Andrade, H. G., & Du, Y. (2005). Student perspectives on rubric-referenced assessment. *Practical Assessment, Research and Evaluation*, 10(3), 1-11.

Bachman, L. F. (1990). *Fundamental Considerations in Language Testing*.Oxford: Oxford University Press.

Baddeley, A. D. (2002). Is working memory still working? *European Psychologist*, 7(2), 851-864.

Bartłomiejczyk, M. (2007). Interpreting quality as perceived by trainee interpreters. *The Interpreter and Translator Trainer*, 1(2), 247-267.

Bell, R. T. (1991). *Translation and Translating: Theory and Practice*. London and New York: Longman.

Berg, E. C. (1999). The effects of trained peer response on ESL students' revision types and writing quality. *Journal of Second Language Writing*, 8(3), 215-241.

Boyd, M., & Markarian, W. (2015). Dialogic teaching and dialogic stance: Moving beyond interactional form. *Research in the Teaching of English*, 49(3), 271-296.

Brown, A. L. (1987). Meta-cognition, executive control, self-regulation, and other more mysterious mechanisms. In F. E. Weinert & R. H. Kluwe

(Eds.), *Meta-cognition, Motivation, and Understanding* (pp.65-116). Mahwah, NJ: Erlbaum.

Carless, D., & Walker, E. (2006). Effective team teaching between local and native-speaking English teachers. *Language and Education*, 20(6), 463-477.

Chen, S. H. (2009). *Intercultural Team Teaching: A Study of Local and Foreign EFL Teachers in Taiwan*. Ph. D Dissertation. Durham: Durham University.

Cook, L., & Friend, M. (1995). Co-teaching: Guidelines for creating effective practices. *Focus on Exceptional Children*, 28(3), 1-16.

Dafouz, E., & Hibler, A. (2013). 'Zip your lips' or 'Keep quiet': Main teachers' and language assistants' classroom discourse in CLIL settings. *The Modern Language Journal*, 97(3), 655-669.

Dickenson, L. (1987). *Self-introduction in Language Learning*. Cambridge: Cambridge University Press.

Dinsmore, D. L., Alexander, P. A., & Loughlin, S. M. (2008). Focusing the conceptual lens on metacognition, self-regulation, and self-regulated learning. *Educational Psychology Review*, 20, 391-409.

Freeman, M. (1995). Peer assessment by groups of group work. *Assessment and Evaluation in Higher Education*, 20, 289-299.

Gile, D. (1995). Fidelity assessment in consecutive interpretation: An experiment. *Target*, 7(1), 151-164.

Glover, P. (2011). Using CEFR level descriptors to raise university students' awareness of their speaking skills. *Language Awareness*, 20(2), 121-133.

Green, A. (2013). *Exploring Language Assessment and Testing: Language in Action*. London and New York: Routledge.

Gui, M. (2012). Exploring differences between Chinese and American EFL teachers' evaluation of speech performance. *Language Assessment*

Quarterly, 9(2), 186-203.

Hiratsuka, T. (2016). Actualizing Exploratory Practice (EP) principles with team teachers in Japan. *System*, 57, 109-119.

Hoffman, R. R. (1997). The cognitive psychology of expertise and the domain of interpreting. *Interpreting*, 2(1-2), 189-230.

Holec, H. (1981). *Autonomy and Foreign Language Learning*. Oxford/ New York: Pergamon Press.

Hyland, K., & Anan, E. (2006). Teachers' perceptions of error: The effects of first language and experience. *System*, 34(4), 509-519.

Jin, Y., Wu, Z., Alderson, C., & Song, W. (2017). Developing the China standards of English: Challenges at macro political and micro political levels. *Language Testing in Asia*, 7(1), 1-19.

Jung, E. H. (2003). The role of discourse signaling cues in second language listening comprehension. *The Modern Language Journal*, 87(4), 562-577.

Kalina, S. (2000). Interpreting competence as a basis and a goal for teaching. *The Interpreters' Newsletter*, (10), 3-32.

Kissling, E. M., & O'Donnell M. E. (2015). Increasing language awareness and self-efficacy of FL students using self-assessment and the ACTFL proficiency guidelines. *Language Awareness*, 24(4), 283-302.

Lee, J. (2008). Rating scales for interpreting performance assessment. *The Interpreter and Translator Trainer*, 2(2), 165-184.

Lee, Sang-Bin. (2015). Developing an analytic scale for assessing undergraduate students' consecutive interpreting performances. *Interpreting*, 17(2), 226-254.

Lee, Sang-Bin. (2017). University students' experience of 'scale-referenced' peer assessment for a consecutive interpreting examination. *Assessment and Evaluation in Higher Education*, 42(7), 1015-1029.

Li, H., & Lorenzo-Dus, N. (2014). Investigating how vocabulary is assessed in a narrative task through raters' verbal protocols. *System*, 46(1), 1-13.

Li, J., & Lindsey, P. (2015). Understanding variations between student and teacher application of rubrics. *Assessing Writing*, 26, 67-79.

Li, X. (2013). Are interpreting strategies teachable? Correlating trainees' strategy use with trainers' training in the consecutive interpreting classroom. *The Interpreters' Newsletter*, 18, 105-128.

Li, Y., Cargill, M., Gao, X., Wang, X., & O'Connor, P. (2019). A scientist in interdisciplinary team-teaching in an English for research publication purposes classroom: Beyond a 'cameo role'. *Journal of English for Academic Purposes*, 40, 129-140.

Liou, H. C., & Peng, Z. Y. (2009). Training effects on computer-mediated peer review. *System*, 37, 514-525.

Luo, W. H. (2014). An inquiry into a collaborative model of teaching English by native English-speaking teachers and local teachers. *The Asia Pacific Education Researcher*, 23(3), 735-743.

Mackintosh, J. (1999). Interpreters are made not born. *Interpreting*, 4(1), 67-80.

McMillan, J. H., & Hearn, J. (2008). Student self-assessment: The key to stronger student motivation and higher achievement. *Educational Horizons*, 87(1), 40-49.

Medgyes, P. (1994). *The Non-native Teacher*. London: Macmillan Publishers.

Min, H. T. (2016). Effect of teacher modelling and feedback on EFL students' peer review skills in peer review training. *Journal of Second Language Writing*, 31, 43-57.

PACTE. (2011). Results of the validation of the PACTE translation competence model: Translation project and dynamic translation index. In S. O'Brien (Ed.). *Cognitive Explorations of Translation* (pp. 30-56). London and New York: Continuum.

Panadero, E., & Jonsson, A. (2013). The use of scoring rubrics for formative assessment purposes revisited: A review. *Educational Research Review*, 9, 129-144.

Panadero, E., & Romero, M. (2014). To rubric or not to rubric? The effects of self-assessment on self-regulation, performance and self-efficacy. *Assessment in Education: Principles, Policy & Practice*, 21(2), 133-148.

Park, J. E. (2014). English co-teaching and teacher collaboration: A micro-interactional perspective. *System*, 44(1), 34-44.

Patri, M. (2002). The influence of peer feedback on self- and peer-assessment of oral skills. *Language Testing*, 19(2), 109-131.

Pica, T. (1994). Research on negotiation: What does it reveal about second-language learning conditions, processes, and outcomes? *Language Learning*, 44(3), 493-527.

Pöchhacker, F. (2004). *Introducing Interpreting Studies*. London and New York: Routledge Press.

Reynolds-Keefer, L. (2010). Rubric-referenced assessment in teacher preparation: An opportunity to learn by using. *Practical Assessment, Research and Evaluation*, 15, 1-9.

Riccardi, A. (2002). Evaluation in interpretation: Macrocriteria and microcriteria. In H. Eva (Ed.), *Teaching Translation and Interpreting* (pp. 115-126). Amsterdam/ Philadelphia: John Benjamins Publishing Company.

Runnels, J. (2016). Self-assessment accuracy: Correlations between Japanese English learners' self-assessment on the CEFR-Japan's can-do statements and scores on the TOEIC®. *Taiwan Journal of Tesol*, 13(1), 105-137.

Rust, C., Price, M., & O'donovan, B. (2003). Improving students' learning by developing their understanding of assessment criteria and processes. *Assessment & Evaluation in Higher Education*, 28(2), 147-164.

Sadler, D. R. (1989). Formative assessment and the design of instructional systems. *Instructional Science*, 18, 119-144.

Sawyer, D. B. (2004). *Fundamental Aspects of Interpreting Education*. Amsterdam /Philadelphia: John Benjamins Publishing Company.

Schaffner, C. (2000). Running before walking? Designing a translation programme at undergraduate level. In C. Schaffner, & B. Adab (Eds.), *Developing Translation Competence* (pp. 143-156). Amsterdam/ Philadelphia: John Benjamins Publishing Company.

Schaffner, C., & Adab, B. (2000). Developing translation competence: Introduction. In C. Schaffner, & B. Adab (Eds.), *Developing Translation Competence* (pp. vii-xvi). Amsterdam/Philadelphia: John Benjamins Publishing Company.

Schenck, A. D., & Daly, E. (2012). Building a better mousetrap: Replacing subjective writing rubrics with more empirically-sound alternatives for EFL learners. *Creative Education*, 3(8), 1320-1325.

Setton, R., & Dawrant, A. (2016). *Conference Interpreting a Trainer's Guide*. Amsterdam /Philadelphia: John Benjamins Publishing Company.

Shi, L. (2001). Native- and nonnative-speaking EFL teachers' evaluation of Chinese students' English writing. *Language Testing*, 18(3), 303-325.

Sommers, N. (1980). Revision strategies of student writers and experienced adult writers. *College Composition and Communication*, 31(4), 378-387.

Stanley, J. (1992). Coaching student writers to be effective peer evaluators. *Journal of Second Language Writing*, 1(3), 217-233.

Stevens, D. D., & Levi, A. J. (2013). *Introduction to Rubrics: An Assessment Tool to Save Grading Time, Convey Effective Feedback, and Promote Student Learning*. Sterling: Stylus Publishing, LLC.

Su, W. (2019a). Interpreting quality as assessed by peer students. *The Interpreter and Translator Trainer*, 13(2), 177-189.

Su, W. (2019b). Exploring native English teachers' and native Chinese teachers' assessment of interpreting. *Language and Education*, 33(6): 577-594.

Su, W. (2020a). NNS and NES teachers' co-teaching of interpretation class: A case study. *The Asia-Pacific Education Researcher*, 29(4), 353-364.

Su, W. (2020b). Exploring how rubric training influences students' assessment and awareness of interpreting. *Language Awareness*, 29(2), 178-196.

Su, W. (2021a). Understanding rubric use in peer assessment of translation. *Perspectives*. DOI: 10.1080/0907676X.2020.1862260. (in press).

Su, W. (2021b). Two heads better than one? Exploring the co-teaching of intercultural competence by NES and NNS teachers. *The Asia-Pacific Education Researcher*. https://doi.org/10.1007/s40299-021-00561-1. (in press).

Swain, M., & Lapkin, S. (1995). Problems in output and the cognitive processes they generate: A step towards second language learning. *Applied Linguistics*, 16(3), 371-391.

Tajino, A., & Tajino, Y. (2000). Native and non-native: What can they offer? Lessons from team-teaching in Japan. *ELT*, 54(1), 3-11.

Topping, K. J., Smith, E. F., Swanson, I., & Elliot, A. (2000). Formative peer assessment of academic writing between postgraduate students. *Assessment & Evaluation in Higher Education*, 25(2), 149-169.

Van Silfhout, G., Evers-Vermeul, J., & Sanders, T. J. M. (2014). Establishing coherence in schoolbook texts: How connectives and layout affect students' text comprehension. *Dutch Journal of Applied Linguistics*, 3, 1-29.

Vygotsky, L. S. (1980). *Mind in Society: The Development of Higher Psychological Processes*. Cambridge, MA: Harvard University Press.

Wilson, M. (2007). Why I won't be using rubrics to respond to students' writing. *English Journal*, 96(4), 62-66.

Wingate, U. (2019). 'Can you talk me through your argument'? Features of dialogic interaction in academic writing tutorials. *Journal of English for Academic Purposes*, 38, 25-35.

Wu, Y., & Liao, P. (2018). Re-conceptualising interpreting strategies for teaching interpretation into a B language. *The Interpreter and Translator Trainer*, 12(2), 188-206.

Zhang, Y., & Elder, C. (2011). Judgments of oral proficiency by non-native and native English speaking teacher raters: Competing or complementary constructs? *Language Testing*, 28(1), 31-50.

Zhu, W. (1995). Effects of training for peer response on students' comments and interaction. *Written Communication*, 12(4), 492-528.

鲍川运 .（2008）. 再议大学本科口译教学 . 外语教育，8：1-7.

鲍刚 .（2011），口译理论概述 . 北京：中国对外翻译出版公司 .

蔡小红 .（2007），口译评估 . 北京：中国对外翻译出版公司 .

陈菁，肖晓燕 .（2014），口译教学：从理论到课堂 . 上海：上海外语教育出版社 .

范劲松，季佩英 .（2017）. 翻译教学中的师评、自评和互评研究——基于多层面 Rasch 模型的方法 . 外语界，（4）：61-70.

方绪军 .（2007）. CEFR 对汉语测试研发的启示 . 世界汉语教学，（2）：136-143.

方绪军，杨惠中，朱正才 .（2008）. 制定全国统一的语言能力等级量表的原则与方法 . 现代外语，（4）：380-387+437.

高校英语专业八级口试大纲编写小组 .（2008）. 高校英语专业八级口试大纲 . 上海：上海外语教育出版社 .

韩宝成，赵鹏 .（2007）. 高校学生英语作文自我评估与教师评估对比研究 . 外语界，（5）：28-37+67.

何莲珍，陈大建 .（2017）. 中国英语能力等级量表结构探微——听力描述语的横向参数框架与纵向典型特征. 外语界, (4): 12-19.

胡珍铭, 王湘玲. (2018). 翻译能力本质的元认知研究. 外语教学理论与实践, (3): 91-97+62.

霍恩比. (2016). 牛津高阶英语词典 (第9版). 北京: 商务印书馆.

教育部高等学校外国语言文学类专业教学指导委员会. (2020). 普通高等学校本科英语类专业教学指南. 北京: 外语教学与研究出版社.

刘海峰. (2010). 中国科举文化. 沈阳: 辽宁教育出版社.

刘建达. (2015). 我国英语能力等级量表研制的基本思路. 中国考试, (1): 7-11+15.

刘建达. (2017). 中国英语能力等级量表与英语学习. 中国外语, 14 (6): 4-11.

刘建达, 韩宝成. (2018). 面向运用的中国英语能力等级量表建设的理论基础. 现代外语, (1): 78-90+146.

刘建达, 彭川. (2017). 构建科学的中国英语能力等级量表. 外语界, (2): 2-9.

刘津开. (1999). 外语学习策略研究——猜词能力与外语水平. 外语教学, (3): 31-35.

路文军. (2006). 元认知策略与英语写作的关系. 外语与外语教学, (9): 25-27+39.

马宁, 张小艳, 苏冬. (2014). 一对一数字化学习环境下的班级文化建设. 现代教育技术, 24 (4): 119-125.

梅晓娟. (2006). 关于高级英语学习者写作同级反馈的研究. 安徽工业大学学报 (社会科学版), (1): 115-117.

穆雷, 王巍巍, 许艺. (2020). 中国英语能力等级量表——口译能力量表研究. 北京: 高等教育出版社.

钱穆. (1996). 国史大纲. 北京: 商务印书馆.

秦利民, Lawrence Jun Zhang. (2017). 多媒体环境下英语写作者元认知策略量表的研制与开发. 外语电化教学, (3): 28-36.

苏伟. (2011). 以过程为导向的口译职业能力评估研究. 上海翻译,

（3）：47-51.

苏伟.（2020）.基于口译大赛语料的听后概述在语言评估中的应用.当代外语研究,（5）：101-109.

孙有中.（2015）.外语教育与思辨能力培养.中国外语,（2）：1+23.

陶伟.（2017）.正念、外语学习倦怠与英语自主学习行为的关系.现代外语,40（2）：223-231+292.

汪琼,欧阳嘉煜,范逸洲.（2019）.Mooc同伴作业互评中反思意识与学习成效的关系研究.电化教育研究,（6）：58-67.

王巍巍,穆雷.（2019）.中国英语口译能力等级量表结构探微.外语界,（4）：15-23.

王巍巍,许艺,穆雷.（2018）.中国英语能力等级量表中的口译能力.现代外语,41（1）：111-121.

文秋芳,刘相东,金利民.（2005）.中外评委对大学生英语演讲能力评价的差异.外语教学与研究,（5）：337-342+400.

徐鹰,章雅青.（2020）.形成性评估在学术英语教学中的应用.西安外国语大学学报,28（1）：61-66.

杨承淑,邓敏君.（2011）.老手与新手译员的口译决策过程.中国翻译,32（4）：54-59.

杨惠中,桂诗春.（2007）.语言测试的社会学思考.现代外语,（4）：368-368.

杨惠中,朱正才,方绪军.（2011）.英语口语能力描述语因子分析及能力等级划分——制定语言能力等级量表实证研究.现代外语,34（2）：151-161.

杨苗.（2006）.中国英语写作课教师反馈和同侪反馈对比研究.现代外语,（3）：293-300+330.

曾用强.（2017）.中国英语能力等级量表的"阅读量表"制定原则和方法.外语界,（5）：2-11.

张洁,赵亮.（2017）.基于学习者视角的中国英语能力等级量表听力描述语质量验证.外语界,（4）：20-26+43.

张晓艺.（2017）.英语阅读能力描述语的"可理解性"研究：外语学习者视角.外语界,（5）：14-21.

赵鑫,周仁来.（2010）.工作记忆训练：一个很有价值的研究方向.心理科学进展,（5）：711-717.

中国社会科学院语言研究所.（1996）.现代汉语词典（修订本）.北京：商务印书馆.

中华人民共和国教育部,国家语言文字工作委员会.（2018）.中国英语能力等级量表.北京：高等教育出版社.

周季鸣,束定芳.（2019）.同伴互评中的教师实践与学生认识互动研究.外语界,（5）：64-71.

附录

附录 1　自我评估口译材料

汉语原文（文件 1）

家庭是人出生后接受教育的第一个场所，家庭结构会对家庭成员产生重要的影响。

我们的父母小时候多生活在有很多兄弟姐妹的大家庭里。那个年代，生活十分贫苦，孩子又多，父母亲终日劳碌，没什么时间关心孩子。不过，传统观念中家长至上，父母的命令子女必须服从，双方交流很少。这种环境下成长起来的孩子独立生活能力较强，但不太敢站出来挑战权威。

现代社会的家庭结构更加多样了。城市中多是核心家庭，计划生育政策使子女自然而然地成了家长的掌上明珠。在这样的家庭成长的孩子容易自私任性。但父母一般能以民主的态度对待孩子，双方关系较亲密。而在农村，外出务工人员增多，留守儿童家庭增多。留守儿童由于父母长期远离，无法感受父母情感上的关爱和呵护，与父母感情很淡薄。此外，随着离婚率上升，单亲家庭也在增多。家庭的破裂使孩子的安全感和归属感消失，容易自卑和焦虑。但另一方面，如果父母教育得当，单亲家庭的子女克服困难、艰苦奋斗的精神也较强。

参考译文（文件2）

As a child's education begins at home, the family has significant influence on his development.

The majority of those from our parents' generation were born into large families with several brothers or sisters. At that time, with little income and many children, parents didn't have time to care for each child as they were busy working all day long. Also, tradition holds that children must obey parents in all circumstances, so there was no need for much communication. Children growing up in this kind of family were independent but lacked the courage to challenge authority.

Modern family structures are varied. In cities, most families are nuclear families. Under the family planning policy, naturally, the only child becomes the apple of the parents' eyes and tends to be selfish and capricious. But on the other hand, the democratic attitude of parents toward children can draw them closer. In rural areas, the increase in the number of migrant workers gives rise to more 'left-behind children'. These children do not feel close to their parents for want of love and care from their parents who work away from home most of the year. The surging divorce rate has brought about an increasing number of single-parent families. The breakdown of the family robs children of their sense of security and belonging and often causes humiliation or anxiety. But on the other hand, if educated in a proper manner, children from single-parent families are stronger when faced with difficulties and usually work harder.

附录 2　同伴评估口译材料

第一周

汉语原文：

我在写这本书时有一个很强烈的感受，就是来源于我刚刚参加工作时候的一段经历，因为我最早的工作，也就是在写作之前，我做了五年的牙医，那个时候牙医是和工人一样贫穷的。因为我是那时候拔牙的医院里面最年轻的医生，所以别的医生不愿意做的工作就让我去做。

我们当时那个时代，中国虽然非常的贫穷，但是它建立了一个很强大的卫生防疫体系。免费给人民打预防针，每年夏天我就背着一个药箱，去给工厂里的工人、学校里的学生、幼儿园的孩子打预防针，这是我牙医生涯中最难忘的一段时光。

参考译文：

I drew some inspiration from my very early work experience. Before I became a writer, I had been a dentist for 5 years. The dentist at that time in China was as poor as a worker. As I was the youngest dentist in the hospital, I had to do the things other doctors were not willing to do.

China in that era was very poor but it established a very strong public health network.

The government offered free medicine, or rather, free vaccinations to people, and every summer I would pack up my stuff and went to factories and schools to give workers and children a sort of vaccinations. That was the most memorable period of my dentist years.

第五周

汉语原文：

就女性受家庭影响这个问题来说，一个家庭对一个女性的影响的话，我觉得如果成长在一个家庭环境比较严苛、父母亲比较严格的家庭，孩子的性格可能会更加偏向软弱的一方面。

比如说我自己，我觉得我爸爸是一个特别严格的人，以至于我很怕他，家里就我跟他的话，我还是会表现得非常小女生，很软的样子。

其实有时候父亲这个角色是缺失的，所以呢，在很多事情上，很多女性大部分都是自己做决定的，以至于有时候显得很会算计，有时候又显得特别独立。

参考译文：

And in terms of the influence on a woman from her family, I have to say that of course the family will have an influence on the woman. If a girl is brought up in a strict family with those kinds of parents who are very tough or demanding, that girl tends to be weak in her future.

Take myself as an example. My father is strict with me, so I'm always intimated by my father when I am alone with him at home. And somehow, it makes me weak.

In some families, the father didn't really appear. Hence women made their own decisions for the most of the time, and that made them look like independent, or sometimes even calculating.

附录 3　中外教师评估口译材料

汉语原文：

家庭是人出生后接受教育的第一个场所，家庭结构会对家庭成员产生重要的影响。

我们的父母小时候多生活在有很多兄弟姐妹的大家庭里。那个年代，生活十分贫苦，孩子又多，父母亲终日劳碌，没什么时间关心孩子，而传统观念中家长至上，父母的命令子女必须服从，双方交流很少。这种环境下成长起来的孩子独立生活能力较强，但不太敢站出来挑战权威。

现代社会的家庭结构更加多样了。城市中多是核心家庭，计划生育政策使子女自然而然地成了家长的掌上明珠。在这样的家庭成长的孩子容易自私任性。但父母一般能以民主的态度对待孩子，双方关系较亲密。而在农村，外出务工人员增多，留守儿童家庭增多。留守儿童由于父母长期远离，无法感受父母情感上的关爱和呵护，与父母感情很淡薄。此外，随着离婚率上升，单亲家庭也在增多。家庭的破裂使孩子的安全感和归属感消失，容易自卑和焦虑。但另一方面，如果父母教育得当，单亲家庭的子女克服困难、艰苦奋斗的精神也较强。

参考译文：

As a child's education begins at home, the family has significant influence on his development.

The majority of those from our parents' generation were born into large families with several brothers or sisters. At that time, with little income and many children, parents didn't have time to care for each child as they were busy working all day long. Also, tradition holds that children must obey parents in all circumstances, so there was no need for much communication. Children growing up in this kind of family were independent but lacked the courage to challenge authority.

Modern family structures are varied. In cities, most families are nuclear families. Under the family planning policy, naturally, the only child becomes the apple of the parents' eyes and tends to be selfish and capricious. But on the other hand, the democratic attitude of parents toward children can draw them closer. In rural areas, the increase in the number of migrant workers gives rise to more 'left-behind children'. These children do not feel close to their parents for want of love and care from their parents who work away from home most of the year. The surging divorce rate has brought about an increasing number of single-parent families. The breakdown of the family robs children of their sense of security and belonging and often causes humiliation or anxiety. But on the other hand, if educated in a proper manner, children from single-parent families are stronger when faced with difficulties and usually work harder.